RITOS DO NASCER AO PARIR

mana bernardes

Ritos do nascer ao parir

Bazar do Tempo

Este livro foi revisado segundo o Acordo Ortográfico da Língua Portuguesa de 1990, em vigor no Brasil desde 2009.

COORDENAÇÃO EDITORIAL
E EDIÇÃO DE TEXTO
Camilla Savoia

PROJETO GRÁFICO
Julia Rocha

DIAGRAMAÇÃO
Guilherme Costa

REVISÃO
Catarina Lins
Luana Balthazar

PRODUÇÃO GRÁFICA
Sidnei Balbino

FOTO DE CAPA
Alexandre Sant'Anna

IMPRESSÃO
Grafitto

CIP-Brasil. Catalogação na Publicação
Sindicato Nacional dos Editores de Livros, RJ

B444r
Bernardes, Mana, 1981-
Ritos do nascer ao parir / Mana Bernardes. -
1. ed. - Rio de Janeiro : Bazar do Tempo, 2019.
376 p. : 21 cm.
ISBN 978-85-69924-58-6
1. Bernardes, Mana, 1981-. 2. Mães - Biografia.
3. Maternidade. 4. Autobiografia. I. Título.
19-57775 CDD: 920.72 CDU: 929-055.26

Meri Gleice Rodrigues de Souza - Bibliotecária CRB-7/6439

BAZAR DO TEMPO
Produções e Empreendimentos Culturais Ltda.
Rua General Dionísio, 53, Humaitá
22271-050 Rio de Janeiro RJ
contato@bazardotempo.com.br
bazardotempo.com.br

Pra mover a rede e a polinização deste livro, que nasceu como projeto de financiamento coletivo, organizamos um grande encontro, uma roda de mulheres na floresta, em que me coloquei no centro e li as primeiras dez páginas manuscritas. O céu estava muito perto de nós, o dia era forte entre as palavras. De repente, enquanto leio, no centro da roda entra Marielle, como a mulher mais eficaz da qual já cheguei perto. Poderia escolher dizer exuberante, forte, política, leoa, original, mas escolho dizer eficaz de causa e efeito. Minhas palavras cresceram quando a vi. Marielle me encorajava e encoraja a ser mais eu. Continuei a leitura e entreguei então na mão da Rute mais algumas páginas do início, pra ela ler e passar adiante. Todas leram. Marielle me leu, fui lida por ela. Esse momento que aconteceu tão pouco tempo de sua passagem me fez tremer em cada palavra desse livro para continuar, como todas nós daquela enorme roda. Marielle nos faz agir, nos encoraja, nos diz para colocarmos nossa origem no centro, nossa potência na roda de realização fundamental, vital e ética.

Dedico esse livro à Marielle Franco.

texto de abertura da rute mãe

Mana não chorou ao nascer. O parto foi normal, sem anestesia e de cócoras. Ela veio pegar o seio antes do corte. Nem sentiu, no momento, a ruptura do cordão. Minha percepção dela, todos podem imaginar, é suspeita. Grávida, fui encontrar seu pai numa lua de mel não oficial. Lá vi o unicórnio que carregava na barriga. É fácil detectar sua fronte proeminente.

Mana, como artista, bem jovem, se interessou por umbigos e cordões como tema de trabalho. E o corte apareceu no seu intestino transtornado. Como pessoa é fácil constatar o quanto ela é boa de laço. Enlaça e faz desenlace com desenvoltura. Tanto nas formas que costura como designer e na poesia que descreve sua visão de mundo, quanto nas relações que estabelece com as pessoas. Ela gosta de mergulhar. Nada será profundo o bastante para saciar sua sede de envolvimento. Ela vive a partir das vísceras que jamais passam despercebidas.

> Vejo os cortes que lhe infligiram deslocamento.
> vidamorte.
> Ela sabe.
> Vejo os laços bem dados que ela nasceu sabendo dar.
> Vejo, nesse tempo imensurável que temos,
> o quanto sua imaginação se descola e sobrevoa
> de dentro pra fora e vice-versa, com ímpeto.
> Uma força inimaginável.

Atravessa de uma margem a outra com coragem. Põe sua luz, sua sombra em tudo que faz. Ancora aí, atravessando de dentro para fora e de fora para dentro, seus personagens, que não são nem documentos verídicos, nem pura invenção. Por isso a única coisa que francamente posso aqui declarar é que ela rascunhou, desenhou e descreveu, tatuando em dez cadernos, entre outros acontecimentos inspirados no seu viveiro, a mãe dela. Com toda a liberdade.

Minha emoção diante das suas
linhas feitas à mão é inominável.
Arrancou sentido como quem
colhe mandioca. Pela raiz.

Por raiz, quero contar o seguinte: um dia ela me liga, para me entrevistar, como fazia de vez em quando, e de repente diz com aquele entusiasmo tão peculiar: "Mãe, escrevi esse livro para alinhavar o desamparo ancestral de mães e filhas que não se falam, não se ouvem, não se olham." Repetindo: não dou nome a emoção que sinto. Não que não queira. É que ainda não consigo mesmo. Me é novo demais esse nosso entrosamento poético, por assim dizer, reconhecido.

Vou por partes.
Devagar.
Assimilando aos poucos
esse voo de andorinha
caligrafado por cima
das nossas vidas.

Ainda não consigo agarrar o livro de cabo a rabo, com objetividade. Estou tomando fôlego. Considerando a pontuação de vista. A originalidade. Tocando com parcimônia o corpo aparecido e ressignificado.

Meu abraço perplexo. Muita consideração. Olho no olho dessa herdeira. Minha filha que saiu de casa, atravessou desafios, e agora crescida, com a língua devidamente afiada, desembarca na terra das histórias reveladas ou melhor dizendo, desveladas.

Com a retirada do véu, que eu mesma nunca ousaria fazer, o que se lê, às vezes pode fascinar, e outras doer, gerar repulsa. O que importa é que continuamos sempre, apesar dos fatos, interlocutoras, em constante provocação. Quando falamos ou calamos, com raiva ou com ternura. Seguimos.

Ela na frente, confiante, abrindo caminhos com suas palavras. Algumas trouxe de casa. Ambas ocupadíssimas em enterrar sementes enquanto sentimos o perfume do âmbar. Seguimos sem precisar convencer uma a outra de nada. Sem conclusão.

RUTE CASOY
poeta e arteterapeuta

Decidi que vou ser mãe
e minha barriga é costurada.
Decidi que vou ser mãe e vou escrever
desde já um livro para o filho que terei.
Decidi que vou ser mãe e vou atrás de
liberar os caminhos da minha barriga.
Vou tratar tudo que preciso para ser mãe.
Vou escrever, fertilizar, abrir caminhos
necessários para esse filho vir.
Não que eu precise ter um filho, mas
preciso criar, e criar uma pessoa é o
que acho pertinente para o milênio.

por

VAZIOS QUE AJU

A CAIAR VOCÊS

o Lugar que eu VIM

FÍSICO É DO

a ser

tro, DAS ARTÉRIAS DA TE

DUAS RAÍZES SE CR

FAZ

polos MAGNÉTICOS

dos PAÍSES E

ATRAVESSAM PRESENÇA CO

PRESENÇA SIM

FÍSICO

corpo. É

VARGEM

que VIM É

MINHA MÃE

MOI

capítulo um

guizos

rito 1

sua beleza desfazia padrões

"Mãe, por que você coleciona vasos?"
"Porque eles contêm vazios que
me ajudam a criar vocês."

O lugar de onde vim, antes de ser físico, é do encontro, das artérias da terra que fazem duas raízes se cruzarem, dos polos magnéticos que atravessam países e vibram presença corpo a corpo. É físico também: o lugar de onde vim é Vargem Grande.

Minha mãe – pela primeira vez depois do exílio – pisava no seu Brasil. Estamos em 1980. Seu filho Thiago estava em aulas com o pai, Luiz Eduardo, em Paris. Seu companheiro Guel filmava um documentário na África e estava por seis meses incomunicável.

Sua beleza desfazia padrões: Rute tinha um tal de DNA ucraniano com um lugar latino de guerrilha. Um hino poético no peito estampava sua camiseta desbotada, uma imagem sem volta emoldurada por um cabelo de vênus ondulado, acastanhado-ruivo até o tamanho da grandeza.

Meu pai voltava dos Andes onde por dois anos teve camelos, estudou Astronomia e escreveu poemas diante das Cordilheiras. Cada expedição sua era bancada por tia Beatriz, sua tia e madrinha, colecionadora de joias, que, para cada viagem dessas, vendia um item de sua coleção. Nesse caso, um brinco semelhante a uma cascata de esmeraldas.

O encontro dos meus pais foi dentro da festa do Festival de Cinema do Rio numa borda de piscina noturna iluminada em breu. Sergio viu do outro lado da piscina que teria um filho com Rute e chegou perto por dentro desse castelo-sede da festa, dentro de um parque chamado Lage. Eles inevitavelmente foram juntos até o Bar Lagoa jantar.

> Ele escreveu e declamou poemas em francês
> por ser essa a língua que ela usava há tantos, tantos anos.
> Ele subiu na mesa recitando Rimbaud.
> Ela revolucionária, torturada na ditadura,
> achava bonitos os poemas, mas
> questionava por dentro o amor.
> Ele, em silêncio, desenhou horas.
> Ela questionou menos o amor vendo os traços dele
> trêmulos e seguros ao mesmo tempo.

Minutos depois ele pôde explicar os desenhos: “Aqui está você coberta de um macacão inteiro de guizos. Sua cabeça, seus pés, suas mãos. Tudo estará coberto de uma malha inteira bordada de guizos. Deixarei buracos para sua boca, seus olhos e seu nariz. Você dançará assim em frente a quatrocentos espelhos numa espécie de catedral: cada gesto seu emitirá um som e será refletida assim sua imagem ao infinito." Ela não teve nenhuma dúvida em compreender perfeitamente a cena. Ambos faziam pacto com o surreal.

Ele estava imerso em filmagens diárias do seu tratado *Madrepérola*: um filme experimental com cenas desse jeito. Ela passaria só dez dias no Brasil. Eles se despediram com um beijo. Ele disse baixo depois do beijo: "Posso começar a costurar amanhã?" Ela fez um riso suave-entregue. No dia seguinte ele montou uma equipe: costureiras, cenotécnicos e ele mesmo foi ao Mercadão de Madureira atrás de escolher os guizos, de senti-los em suas mãos.

rito 2

POR TRÁS DA ORELHA DELA ELE FAZ UM VAPOR DE PALAVRA NÃO DITA

No oitavo dia após o encontro, tudo estava pronto: uma costureira belga fez daquilo sua obra de arte. Pessoas dormiam na sua casa-set para dar conta da gravação. Ele mesmo quis filmar. Ela entrava nua dentro do macacão, prendia seus cabelos com grampos e passava um cheiro de alfazema pra fazer a cena. Depois de dançar, tremer até que os guizos fizessem uma orquestra; ser tão sutil a ponto de dançar sem emitir um som. Sentir aqueles mil e um guizos pesarem a própria densidade prateada da vida depois de se ver refletida num corpo feminino animal.

Depois de tudo e de mil e um olhares para ele e por dentro dele, ela arranca a máscara e naturalmente seu cabelo sai feito fogo. Cada centímetro dessa cabeça bordada é o ápice da cena: primeiro ela revela a boca, na sequência, os olhos. Seu rosto se expande, seus cabelos escorrem por cima dos olhos; aos poucos ela desfaz os ruídos de cada guizo e tira o macacão inteiro.

Eles se olham fundo, muito fundo, um olhar de lago de mil metros, e dispensam raciocínio. Por trás da orelha dela ele faz um vapor de palavra não dita e eles devoram tudo de consciente e inconsciente do encontro. Ela acorda dentro do terreno dele: sua primeira terra depois do exílio.

rito 3

carregava a cena dos guizos na barriga

Ela volta a Paris atônita na iminência de seu companheiro Guel demorar mais um mês para vir da África. Leva seu filho Thiago à escola todos os dias e eles atravessam praças para fazer caminhos bonitos. Fala português com ele e cuida da vida: é professora em um instituto de hatha ioga. Inspira e expira os dias e recebe um acontecimento. Peter Brook, seu diretor de teatro preferido, visita suas classes de ioga, e ela recebe uma carta para ser atriz de Mahabharata, passar uma temporada na Índia com a companhia multiétnica de um homem essencialmente profundo no que faz. Ela não pensa duas vezes, e na mesma semana se vê grávida.

Aos prantos, sem saber de nada, certa apenas de ter essa gravidez que carregava a cena dos guizos na barriga, nesse dia passa por ela uma mulher interessante na rua. E repara que sua filha será assim como aquela mulher que despertava sua consciência. Guel chega da África e eles choram por horas juntos.

Eles se amam verdadeiramente e dão a mão para o destino: gravidez, África, Brasil, guizos. Nada poderia abalar o amor profundo deles. Ele compreende e diz: vamos juntos criar o Thiago e a filha da sua barriga. Ela chora uma lágrima lenta que escorre por dias como conta-gotas em seu rosto pasmo-bonito. E todos os dias leva Thiago à escola, eles passam por praças e amam jogar amarelinha. Thiago acha um livro no chão da praça: *Mana Manor, princesa do Oriente.*

rito 4

o mundo desmorona enquanto a barriga cresce

Rute resolve voltar ao Brasil e se enxerga acolhida dentro de uma reunião budista no subúrbio de Paris para sua decisão. O mundo desmorona enquanto a barriga cresce. Ela se separa de Guel mesmo o amando e não se sente pronta pra contar ao Sergio da gravidez. Luiz Eduardo, seu primeiro marido, a põe na justiça e pede a guarda definitiva do Thiago por ser ainda exilado, com medo de Rute levar seu filho para sempre. Ela não sabe para onde ir, e uma mulher vietnamita bem-sucedida que frequentava o mesmo bloco de reunião budista a recebe para uma conversa. De nome Mongá, toda vestida de alta costura, ela não perde tempo e diz: sustento uma família enorme no Vietnã, você vai morar aqui.

Rute se sente bem com os cremes de arroz matinais que Mongá deixava na mesa para o dejejum de sua princesa grávida. Os dias passam num acolhimento profundo que Rute sente de Mongá, um acolhimento como sua mãe nunca lhe deu, e Mongá lhe ensina mais sobre o budismo de Nichiren Daishonin, sobre chás e moda. Rute passa a usar lenços na cabeça como uma camponesa perdida na França. Em um telefonema conta a Sergio da gravidez, e ele se emociona dizendo já saber. Ela passa a rezar seu daimoko mais que tudo, o processo do pai do Thiago se intensifica e a justiça formal diz que Rute não pode levar Thiago ao Brasil.

Ela compõe uma canção para Thiago e a batiza de Amarelinha. Numa roda de amigos mostra a música a Nazaré Pereira, que decide gravar imediatamente. A música estoura nas rádios sendo uma das canções daquele verão na Europa. Rute decide deixar o direito autoral da música como pensão para Thiago e a barriga cresce à medida que ela encaminha a vida ao Brasil.

Sergio parte seu coração várias vezes atrasando o envio da passagem e do outro lado da linha liga do Havaí contando sobre as pesquisas de dragões para o seu filme *Madrepérola*. Ele diz ser lá no meio das ondas gigantes a origem epistemológica do nome Mana. E os dois decidem por eles, pelo livro que o Thiago achou na praça e pelas ondas gigantes que os surfistas descem gritando Mana por proteção, ser esse o nome da filha que iriam ter.

Meu pai demorou para me registrar e o nome Mana não foi fácil de fincar em cartório. Horas de fila, e quando ele quis botar com dois enes, anunciaram uma demora de mais incontáveis horas, o que ele não deu conta de assumir. Então Sergio-pai me alfabetizou a assinar sempre Manna, mesmo que na minha certidão estivesse a maneira mais simples: Mana. No meio disso, na pré-adolescência, o pai do meu pai, vovô Bernardes, passou uma temporada fazendo numerologia intuitiva e, segundo ele, minha personalidade continha duas exclamações interligadas por uma espécie de hífen. Então, desde os doze, além dos dois enes, assinava “Manna!-!” Demorei até quase chegar aos vinte para me libertar e voltar simplesmente à origem Mana, o nome havaiano, como está nos documentos. Mais tarde, quando assumi minha marca de desenvolvimento de objetos oriundos de materiais reciclados, ao questionar qual seria o nome, meu pai me entregou um trabalho científico do Marcel Mauss, que explana o significado de Mana como a magia contida nos objetos. Mana significa energia vital.

rito 5

chega num tempo desrelógio

Rute desembarca no Brasil de mala e cuia com uma barriga de oito meses. Sergio lhe pega no aeroporto com um cacho de bananas, orquídeas com raízes e as fotos reveladas das cenas dos guizos. Ele chora misericordiamente, enquanto ajoelha aos seus pés diante da imagem que sente milagrosa: a barriga, a Mana, a Rute. Faz um caminho não convencional de volta do aeroporto pro sítio – ele quer que Rute e Mana passem por cima da cidade, por dentro da floresta. Vai pelas Paineiras, para em cada mirante, um a um, apresenta perspectivas novas, chega num tempo desrelógio ao sítio e mostra as novidades. Uma ovelha chamada Aleluia para ser de estimação da Mana. Uma obra em pleno caos. Um jegue ainda sem nome pra eles passearem nos terrenos de cima. Uma coleção de caixinhas de música, algumas com bailarinas magnéticas de plástico. Ele tinha transbordado a casa de música, lenha pra fogueira, comidas como peixe na lenha e muita fruta. E mantinha muita fé e pessoas em volta.

Tudo parecia muito pra sua chegada, sentia Rute:
se despedia da França,
do Thiago por dentro,
do Guel também.
Mas ela via a qualidade da terra de
Sergio, como solo da mãe gentil.

rito 6

Dois pés de romã

Em uma semana Rute já entendia o jardim. Tinha um pé de cacau maravilhoso e ela sabia fazer chocolates. Uma mangueira que não dava mangas, mas era casa de um bicho-preguiça que às vezes ficava violento. Um pé de graviola magrelinho que dava graviolas gordas que quase arrastavam os galhos. Dois pés de romã. Um tapete rosa-choque na entrada da casa todo feito de flores do pé de jambo que parecem feitas de fios recortados de uma costura modernista. Ela já agradecia a chegada aos trópicos e sentia o corpo forte de Sergio amansando seu corpo entre as árvores, grávida de quase nove meses.

rito 7

em cima de uma pedra redonda

O ritmo não cabia a paz de um bebê.
As festas misturadas à obra.
Cascos de cerveja
e alguns moradores que formavam
a constituição do terreno.

Nica era um deles: cortou o dedo soltando pipa por perto, Sergio cuidou com tanto carinho de seu corte, que ele nunca mais foi embora, virou um filho da casa. Wilson, da mesma geração de Nica, era altamente competente em elétrica e hidráulica. Seus pais vieram de um agreste pernambucano onde a maioria era loira. Ele plantava bem e tinha umbigo grande. Era neto do seu Aristídes, o rezador da região. Tinha também o Pará, mestre de obras, marido da dona Irene. Ele achava que Rute era santa, ajoelhava e pedia pra rezar três pais-nossos em frente a ela antes de começar a pegar no batente. Embarcava noite adentro em papos filosóficos com Sergio e álcool. Felícitas Barreto, antropóloga, bailarina burlesca, tinha sido mulher de um pajé por mais de vinte anos. Morava bastante com a gente. Tinha um tucano no ombro esquerdo e um quati na mão direita, vivos, tratados como príncipes. Ela rezava alto e fazia isso no meio do quintal, em línguas indígenas com sotaque alemão. Ela tinha cabelos brancos, totalmente brancos, lisos e longos, e acendia velas de madrugada em cima de uma pedra redonda que nosso pai tinha solta no quintal.

SEABRA

PEDRO * MICO PRETO * RICO

VIAGEM ITACURUÇA

VERA * IOLANDA

MARIANA DE MORAES

CHLOË

PERI

BENÉ

TIA CRIS

* SHOE

• O ES

• A HO

• OS CEN

• O VITOR

• A RUTE C

* O ACIDENTE:

* O BANHO DE CACHOEIRA

* O SONHO INTUITIVO

* A RETIRA DA PEDRO

* O MATUTU

* A CONVERSA COM RUTE

* A ... NO HOSPITAL

* TOM

* A I

ITA

* A

capítulo dois

exílio e tráfico

rito 8

guardava as outras lágrimas

Rute está fazendo as malas para passar o aniversário de dez anos do Thiago com ele em Paris. É a primeira vez que ela vai deixar eu e meu irmão caçula-quase-gêmeo Pedro com nosso pai. Desde que ela voltou a morar no Brasil foi amamentação, gravidez e puerpério contínuos – três meses depois que nasci ela já estava grávida do Pedro, exausta, naquele sítio isolado, com as aprontações de Sergio. Divisão nem era a palavra diante da quantidade de funções que ela assumia sozinha com nós dois pequenos.

Nossa casa sempre ouviu que mesmo que chovesse canivete, nessa data, ela não estaria com a gente. Thiago é filho de Rute com um preso político. Isso se dá antes da Anistia. Nosso irmão sem poder sair da França conta os dias para ter sua mãe em seu aniversário. Por telefone eles planejam um piquenique com os amigos e um bolo feito por ela na praça da esquina da escola.

A memória numa espécie de colagem
reserva algumas imagens.

A primeira é da minha mãe voltando do
portão muito séria com o olho longe de mim.
Depois ela senta no Gohonzon, altar budista,
e reza forte seu nam-myoho-renguê-kyô.
Me diz "vem cá, vem cá": me põe no
peito dela com muita calma,
não no peito-peito,
mas no colo dela
e me deixa um tempo ali,
envolvida.

Com os olhos dentro de mim respirando
e com aquela pele quente dela entupida,
minha lágrima continua uma só sem sair,
mas meu pai e meu irmão ficariam comigo.

Dali ela vai.

Um clima tenso guardava as outras lágrimas.
Aquele cabelo cacheado enorme e
áspero da minha mãe que parecia a raiz
da figueira de frente do terreno.

Do outro lado da estrada, ela tinha ido.

Eu olhava pra figueira todo dia: nosso
pai dizia que ela era a única árvore que
andava pelos cabelos, meu olhar queria os
cabelos da minha mãe. E via a figueira.

rito 9

QUANDO ELE
LEVANTAVA
PARECIA O SURGI
MENTO DE UMA
MONTANHA

Nosso pai voltou à noite. Disse que uma cama estava pronta na mala da sua Caravan e que a gente, eu e Pedro, íamos quentinhos. Nosso vizinho Zé Maurício ajudava nosso pai. Todas as luzes se apagaram, tinha uma coisa mais do que tensa. Pará, Nica, Wilson, que viviam com a gente, participavam da nossa ação de fuga: Sergio dizia para ninguém mais ficar na casa. Minha mãe não estava e só tinham homens.

Perguntava mil vezes por que viajar se tinha escola. Ficava sem resposta. Sem luz. Com medo. Todos os homens protegiam nosso pai. Dois iam pra estrada olhar se vinha gente, dois faziam nossa saída. Sergio jogava um mapa na Caravan amarela. Nossa mala era um saco de pano, duas roupas. No primeiro arranque da estrada nosso pai dizia em tom sereno pra gente repetir três vezes:

Deus está dentro de nós e nada
de mal nos acontecerá.
Deus está dentro de nós e nada
de mal nos acontecerá.
Deus está dentro de nós e nada
de mal nos acontecerá.

Depois disso a estrada era aberta.

A parte de trás do carro deitava, virava cama: meu edredom de unicórnios, aquelas músicas sempre de povos distantes. Ele dizia que a gente podia morar uma temporada nos Andes, "vocês precisam aprender a ser amigos dos camelos, ler estrelas, plantar". Depois ele perguntava se a gente queria história. De repente o lugar mais acolhedor do mundo se formava.

A gente chegou num sítio mais isolado já tarde da madrugada. Via meu pai com muito medo mesmo transcorrido da fala de que estamos salvos. Ele deitou no chão da sala desse sítio desconhecido pra ser recebido pelo próprio chão. Enquanto isso meu medo subia à cabeça: "Por que fugimos?", "Cadê minha mãe?", "Onde estamos?". Entrei na dispensa e comi o mais rápido que pude sentada no chão sozinha no escuro da madrugada.

Três anos eu tinha.
Três latas: uma de Nescau, uma de leite
condensado e uma de doce de leite.

Comecei na última colher a passar mal.
Meus vermes de roça-hippie
saltavam vivos no banheiro.

Meu pai capotado no chão sem tapete.
Meu irmão imantado no sofá sobre
uma manta de arco-íris mexicana.

"Pai, acorda, tem bichos no meu cocô."
Quando ele levantava parecia o
surgimento de uma montanha.

"Vamo vê. Segura minha mão. Vamos cuidar."
Esse sítio não tinha telefone. Eu não parava de
soltar vermes vivos. Meu pai com as duas mãos
comigo ora soltava uma pra fazer carinho na
minha barriga. Os bichos saíam andando.

O carro não ligava. Falta de tudo e de gasolina. Ele entregou o Pedro num vizinho desconhecido. Olhou no olho da casa vizinha e pediu ajuda pra aquele outro pai. "Ele dorme bem. Come tudo. Amanhã volto. Onde é o hospital mais próximo?" E comigo nas costas aquele um metro e noventa e cinco de sentido e selvagerias me carregou horas a pé nas estradas de terra até um carro nos dar carona para o Rio.

Fui internada na hora. Saía verme pela orelha, pelo canto dos olhos. Acordei com minha mãe e meu pai juntos. Ela chegava do aeroporto. Ficou vinte e quatro horas em Paris pra ver seu primeiro filho fazer dez anos, mas sem deixar sua filha morrer. Eles discutiam tensos no hospital.

Ali meu intestino degringolou para sempre, o que me deu contas futuras para a minha saúde.

rito 10

mãe com diversas entonações

Minha mãe esperou eu fazer dez anos pra me contar o que havia acontecido quando ela foi ao portão e voltou com aquele olhar tão distante. A árvore da esquina da rua estava carregada de cachos de uma flor rosa indo até o amarelo furta-cor. Roseira-da-montanha. Ela me levou até a praça. Já morávamos na Peri, no Jardim Botânico, e caminhando mesmo ela me contou com uma naturalidade estranhíssima que aquilo tudo tinha sido uma experiência única de tráfico internacional:

"Era uma cocaína extremamente pura que seu pai havia descoberto e pego pessoalmente com alguns traficantes plantadores de folhas de coca no interior da Colômbia. Então ele entregou à Adriana, pra que ela levasse à Bobô, em Paris, que pagaria uma quantia muito significativa em franco. E parece que Adriana não depositou esse dinheiro de volta ou, pelo que seu pai me falou, ela cheirou tudo. Mas com o seu pai, cê sabe, né? Tudo é duvidoso.

Mais fácil ele ter gastado esse dinheiro sem medo de botar nossas vidas em risco." "Para, mãe." "Tá bom, vamos sentar."

Voltamos da praça pra árvore florida da nossa esquina e naquela manhã sentamos ali todo o tempo dela me contar com calma o que significa tráfico, o que significa Colômbia pro meu pai e cocaína. O que significa pó. Por que ela não podia deixar o Thiago: exílio. A sorte de ser primavera, de ter uma luz bonita, de estarmos as duas juntas, de eu responder "mãe" com diversas entonações. De termos calma.

Enfim Rute me contou que naquele momento em que ela fechava as malas para ir ao aniversário de dez anos do Thiago em Paris, tocou a campainha. Quando ela foi ao portão, se deu com a cena de uma mulher colombiana que rapidamente abriu uma jaqueta com facas e revólveres para dizer em castelhano: "Ou seu marido me paga em dólar até amanhã ou eu volto pra matar você e sua família." Ali compreendi a origem da dor de barriga da fuga. E costurei os detalhes do meu medo naquela Caravan do meu pai.

DR. SIDYNEI,

O CIRURGIÃO ORTOPÉDICO

A ENFERMEIRA

SUA DESCRIÇÃO

SEMPRE A ÍTA

DE AÇÃO

NÃO A MLI POR

FUNDIU O

FUNDIU O

BIQUI

URVADA

AVISTOU

O PASSAT

capítulo três

ACIDENTE

rito 11

VISÃO NÍTIDA

Partimos para Caxambu de carona com o avô do Thiago, de nome Nilo. Ele sempre foi a pessoa mais próxima de um militar que já tinha soado aos meus ouvidos. O motivo da viagem é que ele ia pra lá porque era de lá. E nós íamos, pois amigos da nossa mãe fundavam uma comunidade de daime bem perto, chamada Matutu. Rute pensava que eu, com sete, e Pedro, com seis anos, já estávamos na idade de ganhar uma formação comunitária. Como morávamos em Vargem Grande, dormimos na Gávea, na casa da tia Inês, irmã do meio de Rute, uma espécie de base nossa na zona sul mais próxima pro Nilo nos pegar. Mochilas prontas, entramos os três no carro dele.

Um barulho forte de um carro a
mil por hora faz o Nilo
tenso

dizer “que homem louco!”
Esse carro fecha a gente e nos manda parar.
Nesse segundo minha
cabeça tava baixa.
Quando ergo os olhos,
reparo meu pai:
forte, enorme e afetivo.
Dizendo: tive uma visão nítida de
tirar o Pedro desse carro agora.

Minha mãe, tolerante, com a guarda compartilhada
ainda confusa mesmo depois de dois anos
da separação, entrega com a pergunta:
E o que você vai fazer de mais interessante
do que uma viagem com ele?

Vou levá-lo neste minuto ao cinema só nós dois
pra ver *Dersu Uzala*, introduzir Pedro
ao mundo do Akira Kurosawa, ficar só nós dois.

Pedro e Sergio seguem em velocidade
sempre acima de oitenta,
naqueles tempos antes de radar.

rito 12

IMAGEM NÍTIDA

Nós duas seguimos. Eu atrás. Minha mãe e o estranho avô do Thiago na frente. Avô do meu ídolo-irmão mais velho, mas ao mesmo tempo aquela palavra-preconceito de meu pai, ele é militar, duro, rígido. Em certo momento durmo, já na metade pra lá da estrada. Vejo a imagem nítida de um acidente, uma voz obsessiva me diz: "Se você não falar nada, vai acontecer, se você não falar, vai acontecer, vai acontecer se você não falar."

Acordo estranha, fico legitimamente estranha, com a voz não parando de me soar para falar. Minha mãe faz aquela pergunta típica: que cara é essa? Perco a chance de falar, perco a chance de falar também quando digo que tive um sonho estranho e ela pergunta se quero contar. Nessa hora quase crio coragem. E perco.

E começa a voltar a voz obsessiva
"se você não contar vai acontecer".

E a cena roda em febre, meus pensamentos, o Passat girando no espaço, os berros da minha mãe ao meu nome, o sangue. Não consigo contar. Não saem as palavras, sai a cena.

A estrada escura, as curvas debruçadas no abismo, na abissal noite estrelada.

"Mãe – aos berros culposos –
Mããããããããããe
MÃÃÃE."
Mãe dentro de cada capotada.
Dentro de cada pedaço da letra
da palavra mãe morava:
"É minha culpa, foi porque não falei."

E mãe, mãe, era tão grande dizer mãe
no abismo escuro capotando.
Não acabava nunca. "Mãe."
Ela me respondia "Mana, Mana".
Eu em grito assustado, ela em tom suave
disfarçando todos os sangues e feridas.

Nos identificávamos vivas e juntas falamos:
"Nilo, cadê você?"
"Tô vivo", respondia ele com as duas pálpebras
rasgadas em sangue na noite a um metro de um rio.

"Mana, vem aqui"
Eu ficava de pé, ia até as ferragens,
estava sem cinto.
Minha mãe me dava a mão e pedia só
pra gente olhar o céu juntas.
"Me dá a mão, vamos ficar juntas olhando
firme pro céu, não me olha", dizia ela.

Só repetíamos juntas:
nam-myoho-renguê-kyô,
nam-myoho-renguê-kyô,
nam-myoho-renguê-kyô,
nam-myoho-renguê-kyô,
nam-myoho-renguê-kyô,
e seguíamos uns minutos aos céus
firmes em nossas orações.

"Mãe, você não vai morrer",
dizia como uma giganta a ela.

"Nilo, segue a minha voz."
Com a roupa rasgada e três machucados,
apenas começava a escalada, um bambuzal
inclinado, e pulava rápida de galho em
galho, olhava pra trás e dizia: "Nilo, segue
a minha voz, segue a minha voz."
"Quer ajuda?", dava a mão pra ele.
Gritava alto: "Mãeee, já vai."

Rute ficava longe da estrada.

Eu me jogava antes do Nilo na pista escura e via escrito Curva da Biquinha numa placa, em frente a seis cruzes. Na hora chorei as mortes dali com medo e berrei ajuda. Um carro passou gritando: “sai daí”. O outro: “você é um zumbi”. Para um carro, digo tudo ao homem com a mesma calma estranha que Rute dizia meu nome: “Minha mãe tá lá embaixo, ela não anda mais, o carro é um Passat. Vocês vão tirar o banco e trazer ela amarrada ao banco.”

Nessa hora, Nilo subia para a pista desorientado. Dizia que eu era medalha de ouro. Eu comandava o homem, “vamos parar outro carro, precisa de mais três homens”. Ela é pesada, grande. Minha mãe e Nilo iam embora amarrados numa caminhonete. Aquela visão da minha mãe deitada com a cara torta indo no carro da frente correndo a céu aberto e o Nilo com cara de Frankestein ao seu lado.

RITO 13

E O OBRIGADO DELE NÃO ME DESCIA

No carro de um homem desconhecido, me deixavam na porta de um hospital público de Caxambu, onde minha mãe e Nilo já tinham ido para as salas de cirurgia. Limparam meus machucados numa enfermaria e me colocaram num quarto com uma paciente dormindo toda amarrada em soros.

Ela tremia e urrava,
eu criança, com sete anos,
ouvia acordada os gritos, gemidos
e lamentações dela.

Transferi automaticamente todo
meu medo a essa mulher
já estava juntando medos
o medo do acidente

de estar nesse quarto escuro ouvindo esses urros
de toda a cena recente da minha mãe com sangue
e de saber que ela estava operando.

Sentia uma coleção de medos.
Medo a noite inteira sozinha
sem saber como sair do quarto da mulher
amarrada
louca de dor.

Até que inventei que era uma cobra e sabia rastejar
e rastejando fui sem respirar saindo
sem que a mulher sentisse.

Na enfermaria fiquei sentada debaixo de uma luz branca até a Dé, amiga da minha mãe, pegar a mim e ao Nilo; fomos por aquela manhã de domingo pelas ruas de paralelepípedo da cidade das águas de Caxambu, até chegar ao considerado Hotel Glória da cidade. Chegamos ao conforto de um café colonial.

Nilo estava altamente humano e grato. Ele era magro, usava uma calça jeans cintura alta com um cinto preto, uma camisa xadrez preta e branca, um Ray-Ban no bolso, uma bolsa a tiracolo de couro preto encerado. Naquele hotel ele agradecia tanto a mim, e o obrigado dele não me descia. Queria apenas ter contado o sonho. Sentia uma culpa na goela. Queria minha mãe em pé. Tinha medo no banheiro desse Hotel Glória de Caxambu.

Vi o primeiro sabonete em barra em forma de esfera: era verde-lavanda, num banheiro grande de azulejos bisotados na cor rosa. O sabonete ficava preso a uma corrente, eram vários sabonetes, tinham ímãs entre cada um deles e sua corrente. Era incrível depois de todo o acidente lavar as mãos experimentando passar os dedos numa esfera verde de sabão, ter o glamour de dois minutos naquele banheiro, aquela sequência de espelhos e pias de tom rosa de louça junto com toalhas pequenas individuais. Cortinas de pom-pom com temas florais. Queria morrer por não ter tido coragem de contar o sonho.

Quero ver minha mãe. "Você não vai poder por enquanto", diziam.

rito 14

A antropologia do meu pai

De pronto me deixaram na casa do Lolo e da Sônia. A filha dele chamada Ana, da minha idade, me recebeu em seu quarto. O fato de seu pai ter o nome do chocolate que eu mais gostava amenizava qualquer coisa, quase nada mais amenizava além disso. Dormi no quarto infantil da Ana.

Acordei com meu pai aos berros: "Quero a minha filha, vocês tão mentindo, cadê a Mana", ele chorava. "Me deem minha filha." Traziam água com açúcar pra ele e eu saía do quarto acordada pela voz dele, "pai, tô aqui".

Ele me olhava como se fosse a primeira vez.
Me botava inteira no seu corpo,
dizia "fica aqui",
sentava numa mureta
e como se eu fosse um bebê

e ele uma mãe,
me punha em seu colo como se
o meu coração pudesse ser amansado
com suas mãos enormes
puxando meus cabelos pra trás
desde a raiz da minha testa.

Um tempo desrelógio.

Fomos juntos ao hospital, a antropologia do meu pai juntava o quebra-cabeça como num filme de ficção e nós, os personagens: dr. Sidney, o cirurgião ortopédico, Nilo, Dé, Lolo, a enfermeira que me cuidou, e a descrição de cinema de ação do meu pai sempre alta, em tom firme profundamente afetivo nos conta que quando soube do acidente veio a mil por hora: "Fundi o motor e quando abri a porta do carro estava exatamente no local da capotagem de vocês. Vi o Passat branco tão pequeno lá embaixo que na mesma hora perdi completamente a força das pernas. Caí rezando pra não ter perdido Mana e Rute."

E a narrativa fabulosa dos percursos do meu pai fazia com que nossos dramas passassem.

ritada com os pinos sa

pernas e dizia mãe só

que eu te amo.

essa hora o Pedro já

ando a cerca do parque

e minha tristeza tinha

er pra alcançar o Ped

passar pelo par

a cura. turistas do Brasil

avam fila pra entrar e me

capítulo quatro

CAXAMBU

rito 15

POR QUE NÃO CONTEI O SONHO NA ESTRADA?

Rute chorava em frente a nós. Agradecia a mim. E ao cirurgião Sidney. Aquela luz diferente de Caxambu me devolvia a cada dez minutos o pensamento: por que não contei o sonho na estrada? Minha mãe deitada tinha seis pinos saltados da perna. Eles usavam a expressão que sua bacia tinha virado carne moída. Nunca tinha ouvido falar em bacia. Ela objetivamente anunciava "melhor morarmos logo aqui". E Dé respondia, calma: "Morem comigo, Rute."

Dr. Sidney tinha virado dr. Sidynho, um médico de maleta de couro que chegava ouvindo o coração de nossa mãe. Era estranho vê-la deitada. Não existia outra posição, uma enfermeira fazia ela fazer pipi/cocô/banho. Uma das cenas mais fortes da nossa chegada pra morar na casa da Dé foi um arco-íris amplamente comemorado por todos no quarto da nossa mãe, todo mundo: Dé, Pedro, a enfermeira de plantão, vovó Rosinha. Rute não conseguia ver, então começamos a ajeitar a cama, mudar de lado, carregar com o lençol a Rute, tirar os travesseiros, os encostos. O tempo de ajuste até que sua cabeça e corpo apontassem para o arco-íris atrás das montanhas fez com que quando ela, por fim, já estava ajeitada, o arco-íris já tinha ido embora. Naquele momento senti uma dor inexorável e voltava a culpa. Por que você não contou? Olha sua mãe.

A casa da Dé ficava no Alto da Boa Vista de lá, uma ladeira de paralelepípedo logo em cima da rodoviária de Caxambu. Da janela que perdemos o arco-íris dava pra ver o Parque das Águas, onde muitas fontes saltavam águas sulfurosas-gasosas-curandeiras, muitas montanhas mineiras, a cidade-calma. Fomos matriculados na Escola Pública Estadual Ruth Martins de Almeida. Era o mesmo nome da nossa mãe, só que com th, o dela sempre R.u.t.e.

Aquele jeito de cidade pequena organizava a gente. Íamos sozinhos pra escola, Pedro um ano menor e cem mil vezes mais quebradeiro. Sempre. Ele descobriu um pedaço de cerca aberta que a gente podia passar por baixo, de fininho, e chegar à escola por dentro do Parque das Águas sem pagar.

A entrada da casa da Dé tinha uma porta de grade muito simples e uma escadaria pra baixo. Chegávamos antes do pôr do sol pra tirar o uniforme e correr pra rua. Pedro comandava a turma. Muitas carroças passavam na frente. Ana brincava com a gente e a casa da Dé ficava no quarteirão de cima da dela. A noite caía sem nossa mãe contar histórias ou pôr a gente pra dormir, quase todo dia o dr. Sidynho vinha à noite e a Dé fazia uma mesa de ceia. Os assuntos da nossa mãe eram tensos: andar-não andar.

De manhã já dava pra Rute ser carregada pro banho de sol: ela ia deitada numa maca com vários cadernos, desenhava com aquarela uma mistura de desenhos com poemas. E levava banho de mangueira. Daí chegava a hora da gente arrumado de uniforme e mochila se despedir da nossa mãe e subir a escada até a boca da casa pra rua. Nesses degraus todo dia vinha a voz: por que você não falou, por que não contou o sonho?, olha sua mãe. Voltava, ia até minha mãe e não conseguia dizer que estava triste, apenas a enxergava deitada com os pinos saindo das pernas e dizia: "Mãe, só vim dizer que te amo."

Nessa hora, o Pedro já pulava a cerca do Parque das Águas e minha tristeza tinha que correr pra alcançar o Pedro todo dia. Passar pelo parque era a cura. Turistas do Brasil todo pegavam fila pra entrar e meu irmão tinha descoberto aquela passagem. Eram filas enormes em cada fonte e aquela luz de paz mundial, água boa pra visão, pro fígado, água pro coração. A gente tinha acabado de começar a andar sozinho. A escola dava macarrão com salsicha e suco Mupy – como era bom furar suco em saco e puxar com o canudo aquele gosto doce sabor morango ou maçã.

rito 16

POR UM LUGAR À MÃE

A professora sabia do acidente e me
tratava de um jeito especial.
Eu era estranha a mim mesma, sentia muito
forte tudo por não ter contado o sonho, aquilo
me invadia como pensamento obsessivo.

Passou um tempo até que nossa mãe
ficou de cadeira de rodas
e foi nos buscar na escola.
Saímos e ela estava em uma reunião
com a minha professora na mesa de xadrez
da praça em frente.
Foi tão emocionante enxergar a
dignidade da minha mãe

de no seu primeiro dia de cadeira de
rodas correr pra nossa escola.

Sair da escola,
olhar pra frente,
ser chamada pelas duas: mãe e professora,
parecia que a própria possibilidade de esperança
tinha voltado a se prender no meu olhar.

Ufa, foi o estalo do peito, do olho,
do estômago, da boca-cabeça.
O ar de cidade mineira do interior.
A flor de onze-horas que florescia
na entrada da escola,
os senhores no caminho que logo
cedo varriam suas calçadas,
a bica do parque pra rua onde os moradores
traziam seus galões a fim de levar
água mineral do parque pra ter em casa-corpo.

A possibilidade de pela primeira vez
fazer aquele percurso com ela:
queríamos empurrar a cadeira
e primeiro ela dizia que não, depois que sim.
E eu e Pedro voltamos com nossa mãe.

Voltamos da escola com nossa mãe.
Voltamos com nossa mãe.
Simplesmente voltamos com nossa mãe.
Extraordinariamente voltamos com nossa mãe.

Ela dizia pra eu ir no colo e Pedro conduzir: tinha muito, muito medo de machucá-la, e ela pedia "por favor, vem no colinho da mamãe". E o Pedro, sarado como uma estátua grega desde criança, por natureza, se sentia o máximo de empurrá-la: de mostrar os caminhos que ele tinha descoberto, por dentro do Parque das Águas. No centro do parque havia um lago forte com um chafariz. Ali paramos os três, entre gansos e pedalinhos, e ela nos falou que era dia de comemorar.

Que a gente podia e tinha que ir com autonomia no pedalinho pra mostrar a ela como nós dois juntos conseguíamos ir. Mas deu tudo errado, a gente se atrapalhou com tamanha emoção, independência e destino. Caímos na briga por quem ia pedalar mais pra mostrar à mamãe. Entre gansos-pedalinho e gansos-gansos. Além dos pavões, nós, dois irmãos guerreando por um lugar à mãe.

Tudo bem, ela viu a gente brigar. Rute sabia respirar e respirava com os olhos ao nos ver brigando ou brincando. Depois de tanto tempo, ela estava em frente ao lago com seus dois filhos. Até em casa ainda passamos por tantas minas de água, e o Pedro mostrava com orgulho as filas de gente em cada fonte – era um clima tão espiritual. Passamos os três por baixo do teleférico em ritual: nesse minuto apontamos as cabeças pro céu e enfim pessoas enfileiradas nas cadeirinhas passavam suspensas sobre cabos de aço e lá do alto nos cumprimentavam. Elas reparavam com diversos olhares essa mulher-mãe de cadeira de rodas sozinha levando seus filhos pequenos ao parque.

Cada fonte era embalada por um tipo de chafariz ou azulejaria, além das placas como lápides de metal fundido e alto relevo com a data de início da descoberta da água, o nome do farmacêutico que descobriu, o tipo de benefício pra saúde.

E nossa mãe estava muito interessada em se curar ali
e criar a gente na realidade,
com tudo que ela tem.

Fomos por um corredor, ali os artesãos vendiam e faziam seus trabalhos. Pedro já sabia exatamente o que ele queria: um carro tipo Ferrari feito de madeira que o moço ia grafar na hora o nome dele. Nossa mãe respondia antes de mais nada: é um chaveirinho grafado pra cada um, agradece e não reclama.

A firmeza dela compatível com
a calma no olhar vinha
do oriente, da reza budista, do sangue ucraniano,
de qualquer lugar fora das
mães-boazinhas dos nossos amigos.
Nossa mãe era diferente, um ser, uma árvore.

"Aproveita, quero ver exatamente como ele faz com o pirógrafo. Ele esquenta, vem ver, Pedro, vai sair seu nome, olha que P lindo, chama rococó essa letra tão arredondada assim, vamos prender na mochila?" Atrás de cada chaveiro veio "Lembrança de Caxambu" e a data, 29 de março de 1989, o dia da passagem pra cadeira. Devíamos sair pela porta oficial do parque e um táxi já estava à espera da gente. Não mostramos o lugar escondido que passávamos todo dia, nem íamos mostrar.

A ladeira íngreme da casa da Dé não dava pra empurrar a cadeira, as dores chegavam e nossa mãe respondia: "Tô respirando, vai passar." O corpo dela ainda tinha pinos saltados de toda a perna esquerda e sua bacia ia ser trocada por platina ou plástico. Nosso pai ligava todo dia. E nessa noite tudo mudou, era o rito de passagem da cama pra cadeira.

Clima de festa, bolo,
dr. Sidynho, Dé,
os vizinhos na chegada,
o telefone sem parar, fotos.

O que queria saber dessa vez tive coragem de perguntar: “Mãe, você volta a andar?” Ela com aquela dureza-calma não afirmava. “Pode ser que sim, pode ser que não, o que importa é nesse instante agora comemorar, vamos ter outras cirurgias.”

rito 17

SERGIO, ME DÁ UM CIGARRINHO

Nosso pai chegou no sábado com aquele carro lindo, que ele tinha sempre um carro lindo cheio de músicas altas, emoção, olho no olho, cafuné interminável, presentes, jantares; ele era fartura: o lado luxo ou escassez.

Ela só austeridade.

Ele vinha com o carro carregado, tinha ido pra Amazônia, como sempre, e Bolívia e Zona Franca: então eram presentes por três áreas. Os casacos de lã piniquenta e cores muito fortes com desenhos de lhamas da Bolívia. Os cestos finos, que eram meus porta-joias. Pra nossa mãe ele sempre trazia uns vasos de escavação com inscrição rupestre – ela colecionava vasos. Pro Pedro, coisa pra deixar menino forte: zarabatana, tambor, chocalho. Depois vinham os tecnológicos da Zona Franca, estojo que abre com controle-remoto, avião de pilha, rádio de câmbio, marmita que deixa quente, tudo colorido-moderno. Mas o principal era a ideia: naquele sábado nosso pai veio determinado que nossa mãe tinha que tomar um banho de cachoeira.

A fala firme com aquela testa aberta
dele pra nossa mãe era quente.

Assistia ao encontro deles e as falas sempre se repetiam: Rute começava com "as crianças precisam", no meio ela dizia "Sergio, me dá um cigarrinho", e ele dizia "nós é que somos a família bíblica, vamos casar de novo". Ela dizia "sossega o facho". Ele pedia pra usar o telefone e ficava agitando uns projetos. O fato é que ele não cessava em dizer: "Amanhã, sete da manhã, preparem as marmitas, vamos curar a Rute com um banho de cachoeira."

O lado selvagem deles era muito compatível.
Ela se entregava a esse lado
doido-inventivo-autopista dele.

Logo cedo, Sergio-pai fazia a Caravan virar uma cama, enchia de acolchoamentos e separava um lençol forte, em que quatro homens botariam Rute na cachoeira. Subir nossa mãe nas escadas era degrau a degrau uma força-tarefa que precisava de duas pessoas para dar conta daquela estatura-ossatura e carne de mulher ucraniana enorme.

E isso ocupava um tempo. Com os ruídos dela, subíamos e descíamos, ai, ai, ai, ui, ui, ui, deixa eu respirar, para um pouquinho, faltam três degraus, muito bem, vamos lá, foi, foi, foi, fazia nossa mãe com sua bacia de plástico ou platina ainda se aderindo aos tecidos, ao músculo, às articulações, aos quadris, ao fêmur.

Nesse dia, tava nosso pai que fazia questão de dominar a cena sozinho e carregá-la pela escada sem demonstrar o tamanho do esforço. Ainda por cima era radicalmente bonito vê-lo cuidando dela finalmente mesmo depois de separados, a situação toda abria um espaço gigante dela se fazer cuidada por todos nós, por ele.

ento LIDERA

QUÊNIA E guilh

to. , VA

lugar ERA ASSIM

IZIA

NTANDO O OLHAR

COM O

DE chegam

ENCONTRO

UM RESPIRO NA NOSSO

capítulo cinco

matutu

rito 18

o cálculo estrutural entre o desejo e a realidade é o ímpeto

Dentro da Caravan estávamos eu, Pedro, Dé, Sergio, Rute, numa espécie de acampamento intrauterino do carro amarelo do nosso pai. As montanhas eram incríveis, seguimos até a Mantiqueira, passando por São Lourenço nas músicas Nino Rota, Bob Dylan, Henri Salvador, Dona Ivone Lara, Leonard Cohen. Uma nuvem prata-chumbo trazia dez trovões, o tempo parou, aqueles vários pássaros começavam a cantar e se organizar de um lado pro outro em revoada.

> Toró era a palavra toró silkada
> no timbre de minha mãe
> marginalmente deitada naquela Caravan.

Escorria água pra dentro do carro de tanta chuva: a última cidadezinha antes do vale era Aiuruoca, que tinha ficado pra trás.

Dilúvio se fez em plena estrada de terra, agora barro-escorrega-atolamento-lama. Meu pai sempre dissolvia a densidade, e ele também dava densidade, mas minha hipnose por ele não permitia ver isso. O carro descia, a música não era desligada, aquele ruído imenso da tempestade, música alta, o carro deslizando, o controle absoluto do nosso pai ao volante era coisa demais. Nosso pai era coisa demais.

A vida sobre o abismo
e nenhuma hipótese de morte.
O amor mais amplo
sobre essas perspectivas,
as montanhas chorando,
nossa mãe chorando,
a música continuando.

Ufa, passou a chuva, agora os escorregas de lama eram subsequentes. Conseguimos chegar. Chegar no Matutu, onde uma comunidade do Santo Daime acabava de se firmar com barracas de acampamento lideradas por um casal: Kenya e Guilherme. Lá fomos direto entender o lugar, era assim que nosso pai fazia. Abaixando a testa e levantando o olhar com o sorriso de chegarmos vivos.

O encontro dos quatro foi um respiro na nossa curva dramática. Eles se olharam com calma e conversaram na varanda que dava pro vale. Dali avistavam tudo: o mirante do Bico do Papagaio, uma trilha mais complexa, o Alto da Macieira, um lugar virgem nunca ocupado pelo homem, os pontos onde as nascentes de água brotam, o Leão Deitado, onde o sol estava se pondo, nascendo.

O tempo soltou
enquanto a gente entendia
aquele mundo
a partir de um balanço
preso em uma árvore
muito grande
e velha
em frente à cabana deles,
no topo do vale.

A gente queria viver lá.

E nosso pai não esqueceu o motivo: puxava a gente em bom tom, "banho de cachoeira da Rute". Todo o afeto do Guilherme, da Kenya e do povo de lá englobavam que no fundo sofremos o acidente numa carona para ir conhecer Matutu. Meio-dia estávamos dentro da cena mais humana de um filme: a Caravan chegou perto da cachoeira, mas ainda havia uma trilha que a cadeira não passava. O cálculo estrutural entre o desejo e a realidade é o ímpeto. Os quatro homens a carregar Rute nesse momento eram: nosso pai, Guilherme, Gui e Lolo. Levavam a cadeira com ela a três passos e uma parada, até que a cena estava composta: nós, crianças da comunidade, Rute dizendo "peraí, deixa eu respirar", prendendo toda a quantidade de emoção possível.

E uma espécie de círculo, arena, água em abundância,
fluxo e pedras:
sobre as rendas das folhagens
daqueles galhos em volta e

das raízes
suspensas sobre as margens.

Eu e Pedro já estávamos na água com Manno e Atha, filhos de Kenya e Guilherme. Meu olho fingia que não via a profundidade daquilo, mas era mais lá do que nas brincadeiras que debruçava meu olhar. Ela criou coragem, pediu pra contarem até dez: nós crianças entramos no coro da contagem. No dez ela disse que não ia aguentar.

Os homens carregavam ela nua,
todos nós estávamos nus.
Mas ela carregada por quatro
homens num lençol
de fibras espessas.

O momento de ser mergulho-submerso era nada absoluto: ela gritava, queria sair, queria ficar, o fluxo de água borbulhava por entre o lençol e seu corpo, os homens colaboravam, mas o desejo era mais de Sergio do que dela. Rute caía no choro, sentia o verdadeiro frio nos ossos. Na volta, até chegar no carro, demorava, ninguém levara coberta. E ela desaguava, tremia.

Onde estão as raízes das coisas.
As coisas são humanas
e humanamente
eu gostava mesmo do teatro do meu pai,
mas fazer pacto com minha mãe era entranha.

A cena.
O fluxo.
O frio.
Vi o que meu pai pensou.
Senti o que minha mãe sentiu.

rito 19

EXAMINE A CONSCIÊN CIA, EXAMINE DIREITINHO

À noite já estávamos vestidos de roupas quentes e brancas para o ritual naquele céu estrelado: uma dose de daime pra cada, numa forma oval de igreja em que todos bailavam. Eu, meus pais, o Pedro, os novos amigos, os desconhecidos, os que tinham chocalho na mão, os que tocavam violão, os que serviam o chá ayahuasca.

Hinos de orientação. O principal é que tudo se mexia num movimento circular, eram dois passinhos pra cá, dois pra lá. Uma noção de pertencimento de todos os seres humanos e nós em todos os seres humanos e também répteis, anfíbios, felinos, fauna e flora, coisas que crescem em direção a um bombeamento maior no coração: a própria vida amorosa sem medo e com mais pertencimento. Todos nós estávamos numa espécie de embarcação ou nave-mãe.

A música muito forte só mudava o bailado na hora em que todos pulavam soltando o corpo quando o homem do violão gritava a palavra laranjeira. Aí todos respondiam: "laranjeira, laranjeira", respondiam baixinho em correspondência com a força cósmica. De repente a igreja parava e todos pulavam e gritavam juntos falando: "laranjeira carregada de laranja boa, assim é uma pessoa", depois baixinho de novo falavam: "laranjeira, laranjeira."

Com muito afeto, alguém da regência anunciava um intervalo no ritual. Pessoas se abraçavam, iam ver o céu, ter diarreia, vomitar. E se davam a mão, rezavam pai-nosso juntos, a batida percussiva e de violão não cessava, nossa mãe como mulher era vista com muito carinho pelas outras mulheres, uma força ela tinha que soltar, ali era o lugar de algum tipo de digestão emocional, comunhão, coletividade. Já estávamos há alguns anos tomando daime: Rute recebia hinos. Existia um que falava que numa casa desarrumada não dá pra gente trabalhar.

Nosso pai tinha a alma mais fêmea no sentido de cobrir a gente de carinho, cafuné, calor, de dizer com seu próprio tom, olhar e pele, o quanto a gente significava e por quê.

Nossa mãe era menos protagonista,
por isso fiz questão de fazer esse livro.
Pela pessoa intrigante,
misteriosa, que ela continua sendo pra mim.
Pela densidade,
pelo destino ter nos carregado como mãe e filha.

E por uma fixação de querer que ela
saiba que meu olhar a viu,

meus ouvidos a escutaram
e seu cheiro quente de mulher grande
que nunca fez questão de ser idolatrada
merece atenção.

O principal que precisava dizer era isso.

Passava de meia-noite, já era domingo de Páscoa. As crianças exauriam no trabalho de daime e sempre havia um quartinho para nos amontoarmos. Uma mãe sempre se revezava nos olhando, era uma coisa bem quente. Todas nós sempre vestíamos casacos fortes para passar a noite e os quartinhos tinham uma mistura de muitos cobertores, colchonetes, casacos. O som de hinos embalados e percussivos ficavam em eco ainda maior no quartinho das crianças com a musicalidade persistiva-daimista de padrinho Sebastião: "Examine a consciência, examine direitinho."

RITO 20

ELE ERA O PRÓPRIO AMBIENTE: O ESPAÇO PROS OUTROS E PRAS PALAVRAS

Na manhã seguinte só lembro de minha mãe num enorme gramado com o padrinho Sebastião: a barba dele era forte-enorme-branca. Nós catávamos ovinhos, eles conversavam, achávamos vários chocolates e nossa mãe não desprendia o olhar do padrinho, ele parecia papai do céu. Mas era o ser mais ambiental, se é que isso é um adjetivo. Ele era o próprio ambiente: o espaço pros outros e pras palavras. Os pés descalços, o olho fundo-amoroso nos outros, nas coisas que ele fazia à sua maneira, a semente que mexia com a mão enquanto falava: seu jeito com sua mulher, madrinha Rita. Nossa mãe voltou dizendo que ele também adorava o budismo: então crescíamos assim entre reuniões budistas e nossa imersão ao daime, Juramidã, mestre Irineu.

Esse era um dia muito importante no Matutu: uma espécie de fundação da comunidade, o vínculo que se formava naquela colheita de ovos entre crianças e adultos, as mais de vinte barracas de acampamento no gramado do alojamento da Kenya e do Guilherme, a força da ayahuasca, do daime feito por lá. E o encontro de algumas pessoas decididas a um novo modo de viver, de se relacionar, de oferecer um novo espaço para os filhos.

Kenya tinha um amor acima da média pelo Guilherme, pelos seus filhos, por todos que chegavam: era chá quente, meias, comida, cachecóis emprestados. Uma mesa redonda entre as pedras e o fogo. Uma elegância absurda no jeito de olhar, vestir, trançar o cabelo preto enorme. Ela abrangia todas as mulheres. Kenya parecia uma mulher do México, um pôster de indígena americana sobre cavalos selvagens. Atrás dela havia os protetores, com ela a maneira de saber criar ovelhas, fazer lã, tecer o casaco do Guilherme, da Atha, do Manno. Com tudo isso, ela e Rute se aproximavam mais e mais.

Uma pessoa que estava na trupe ensinando todos a ler o céu era o Diduche, fundador do Circo Voador, astrólogo-engenheiro que dava firmeza ao movimento. Era um homem mais velho e sem idade, um menino e um sábio. Uma pessoa que abrangia o grupo, o coletivo, as descobertas. Todos os movimentos que passávamos precisamente tinha Diduche como orientador. Ele era de mil mundos. Uma espécie de mago leitor dos astros, velejador, voador de asa delta nascido na Polônia, criado no Rio.

Perfeito Fortuna dava entusiasmo e humor à nossa formação, confirmava as coisas boas, enaltecia as pessoas, levantava as ideias. Éramos um grupo, pensávamos juntos o nosso lugar. E ali estávamos, acampados entre uma multidão de estrelas, uma roda, um fogo, crianças-adultos.

rito 27

DESEMBARAÇO DE MÃE

Amanhecer era outro tema. Íamos conhecer um lugar muito pouco pisado pelo homem: o Sertão da Macieira. O mistério carregado pelas histórias já ouvidas desse lugar. Nossa mãe pedia para pentear nossos cabelos e tirar nossos carrapatos. Isso era chato, demorava, e com toda a situação dela, Pedro ainda aprontava, arranjava briga, dizia coisas fortes como que gostava mais da Bel, namorada do nosso pai, do que dela.

> Ela respondia: "Que bom, quero
> ver vocês com várias mães."

Meus cabelos tinham nós ornamentais. Na verdade, era bem raro nessa situação pós-acidente ela pentear nosso cabelo, cuidar do nosso corpo, mexer na nossa cabeça. Enquanto todo mundo tomava café na mesa redonda da Kenya, minha mãe teimava em desembaraçar, nó a nó, o meu cabelo. Talvez ela quisesse registrar o mirante que estávamos. "Calma, paciência", ela dizia. "Você deve me odiar, por que tirar tanto nó?"

Ela metia um óleo chamado Monoï com força por entre o couro cabeludo, mandava eu botar a cabeça pra baixo e me ensinava que tudo no cabelo: pentear, botar shampoo, óleo, tinha que ser assim, pra irrigar o couro cabeludo. Era muito forte a mão dela, muito grande, muito quente. "Deixa eu ir embora mãe, por favor." "Paciência é bom e eu gosto. Respira. Vamos até finalizar. Pode reclamar, mas estamos eu e você nesse mirante lindo penteando seu cabelo que há meses não vê um pente." Ela fez uma trança embutida que começava no alto da minha testa e botou umas margaridinhas com grampo descendo pela trança, depois ela foi deitar com dor.

Quando me despedi
só disse "até que enfim".
Quando cheguei no café da manhã
dei um sorriso porque todo mundo reparou,
mas porque principalmente minha
mãe fez minha trança,
me desembaraçou
e desembaraço de mãe no mirante
é pra sempre ritual.

rito 22

Ele me olhava,
eu ficava
aberta

Quando Rute queria levantar era obrigada a gritar até que alguém chegasse para assegurar seus movimentos. Só que nesse dia estávamos quase todos na expedição do Sertão da Macieira. Em alguns momentos, meu fluxo era interrompido na imagem de minha mãe pedindo ajuda, ao mesmo tempo que me aliviava lembrar que a Kenya tinha ficado lá. Sabia que elas se apoiariam.

Fui bonita. Pela primeira vez sem chorar pela minha mãe, aquela trança me dava autoestima. Aquele daime, as pessoas, todo o coletivo apaziguava. A culpa tinha ido embora pela primeira vez.

> Juntos subimos duas íngremes horas a pé.
> As crianças na frente regidas pelo
> Manno, que sabia imitar
> barulho de onça, de lobo-guará, de coruja.

Ele contava que a gente tinha que pisar leve,
que lá tinham espíritos,
que a gente não ia poder ir na mina
de turmalinas negras.
Que se a gente encontrasse pedras empilhadas,
pra não tocar.
Que quem estivesse sem calça ia ser arranhado
e queimado por ortigas que ficavam
escondidas por entre os capins,
que capim também queimava,
que mata-cavalo parece tomatinho cereja.
E que lá existiam mais que cinco abismos e ninguém
podia chegar perto, a ribanceira era de
quatro mil metros de altitude.
Ele sabia os dias do ano que pousavam gaviões.
Ele usava binóculo,
casaco tricotado pela Kenya.
Ele me olhava, eu ficava aberta,
encantada lembrando de Lagoa Azul,
imaginando como seria a versão da selva de nós dois.

Quando pisamos no topo da altitude denominada Sertão da Macieira havia no cume da montanha um vento amansando uma série de capins, a luz da altitude era outra. No canto esquerdo uma real árvore antiga com raízes grandes que formavam um círculo duas vezes do tamanho da copa. A dimensão do campo era como uma pista de voo. A luz por entre o capim e nós. A luz por entre o capim e nós. A luz por entre o capim e nós. Minha mãe não viu. Conseguia esquecer pela primeira vez a culpa e a dor da minha mãe.

Manno fugiu comigo: falou pra gente deixar todo mundo e ir em direção àquela árvore e ficar. Morri de medo. Ele disse que só eu iria na mina.

Minha trança embutida fazia efeito.
A gente correu no meio daquelas montanhas,
só nós dois, no Sertão da Macieira.
A dimensão dele entre o nosso drama
por essas montanhas era ampliada.

Só agora sentia que ele me reparava com
a grandeza de me mostrar
delicadezas necessárias.

Dizia "eu salvei minha mãe do acidente",
ele me dava a mão pra gente correr de mão dada.
De repente ele pedia pra gente parar,
botava a mão nos meus olhos e me conduzia,
a mão dele tinha um cheiro lindo.

"Você vai entrar numa mina nunca extraída.
Brotam turmalinas negras do chão
e dessa pedra maior."
Abri o olho, ele, moreno, e as turmalinas, negras.

Vários reflexos do sol com os cristais
geravam coisas mais absurdas que arco-íris.
Nem que eu rezasse mil horas por dïa
chegaria a um altar daqueles.

"A gente é prometido", ele dizia tirando as mãos dos meus olhos e segurando minhas duas mãos com suas duas mãos. Manno, Mana, Manno, Mana, parecia que os cristais falavam. Falavam com eco, falavam com reflexo da luz sobre cristais pretos. Ardia meu peito, só queria aquele tempo para sempre.

Vamos ter que voltar: foi minha primeira fala, aquele senso de responsabilidade brutal, aquela conivência ao sofrimento da minha mãe. Aquele olhar e aquele coração calmo dele. Aquele olho acelerado e o coração nervoso meu. Sergio-pai e o pai dele conversavam na árvore na pista do Sertão da Macieira. Tudo garantia que éramos prometidos. Eu não saberia mais nada além daquela cena: nós dois na mina de turmalinas negras.

A quantidade de bromélias e borboletas, os morangos silvestres que ele botava na minha boca. A descida rápida da gente. A vontade de ficar por lá para sempre.

rito 23

BALANÇO ATÉ ESQUECER COMO ERA A VIDA SEM BALANÇO

Já era pôr do sol quando chegamos: minha mãe na sua cadeira de rodas cortava cebolas e picava tudo que a Kenya passava. Elas tinham uma coisa pra comunicar à gente: eu e Pedro íamos ficar. Nossas coisas chegariam por alguém. Nossa mãe iria ao Rio fazer uma grande cirurgia.

Kenya seria nossa mãe.
Ponto.
É com a simplicidade de um ponto,
com a fortaleza de um ponto
e principalmente com a formação de um ponto
que essa notícia era dada.

Aquilo era o melhor para a vida da gente. Nenhuma reação eu e Pedro tivemos, a não ser gritar OBAAAAA e correr. "Então a gente vai poder ficar pra sempre nesse balanço?" Kenya respondia: "Não, vocês vão frequentar a escola do Vale com os meninos. Levar meu bolo de lanche." Aí eu pergunto: "Mãe, você vai ficar boa?" Dessa vez ela dizia que sim. "Vai voltar a andar?" "Parece que sim."

Nem vimos a Caravan sair.

Algum tipo de manipulação emocional inconsciente acontecia. Toda vez que minha mãe saía eu adoecia. A falta de espaço na nossa relação se aprofundava quando ela saía. Minha garganta inflamou feio, não conseguia falar. Kenya me dava chá de alho, cuidava de mim como a mãe mais linda que eu poderia ter. O cabelo dela que era preto, liso, volumoso, brilhoso, enorme, estava sempre com aquela trança de lado. Robusta. Ela era sem dúvida de outro lugar. De um lugar que encontraria nos filmes. Ela cuidou e passou. Foram quarenta dias que atravessávamos a pé passando por uma lateral de quatro porteiras, colhendo pinhões, vendo pegada de onça, geada de manhã, balanço até esquecer como era a vida sem balanço, e o Manno natural, amigo, e a Atha uma mini-Kenya que gostava de abraçar, sentir, ver.

Elas me inspiravam. Elas, do alto da montanha.

...L DA NOSSA MÃE. O FIM...
...TO ERA QUE RUSSOS PRECISAR...
DE ANESTESIA. EM VOLTA
DE HOSPITAL DESSA VEZ CA...
...IS PINOS FICAVAM SUSPENSO...
DA PERNA E UMA ENGENHOCA...
...OR CORDAS A PERNA DA NOS...
...NA, ESTUTURA QUADRICULADA
QUATRO HASTES ESTARIA U...
MIL E UMA NOITES
...RO.
NÍVEL DE AUTONOMIA ESTAVA...
VOCÊS TEM A MISSÃO DE E...
...SE QUARTO DE DESENHO.
TÁ MANEIRO:

capítulo seis

RETORNO AO RIO

rito 24

AS VÁRIAS MÃES

Nossa bisavó materna ucraniana Rebeka estava no Rio quando entramos do Matutu para o quarto de hospital da nossa mãe. O primeiro assunto era que ucranianos precisam do dobro de anestesia. Era chocante ver aquela cama com dossel. Os pinos da perna de Rute ficavam expostos saindo da pele, uma engenhoca prendia por cordas sua perna esquerda a essa armação quadriculada, que ali aprendíamos que chamava dossel.

Nosso nível de autonomia estava maior. Rute dizia: "Vocês têm a missão de encher esse quarto de desenho." Pedro só falava "tá maneiro". Desenho de flor, desenho da mamãe em casa, desenho de unicórnio, sereia, eram os meus. E o Pedro só desenhava robocops alienígenas protetores do bem com cara de mau. Nossa bisa, em iídiche, continuava com nossa avó assuntos de anestesia em ucraniano. Rute respondia a elas em português que, num determinado momento da cirurgia, sentiu uma cozinha funcionando, como se tivessem serrando ossos e batendo carne. Nosso sangue ucraniano sempre precisa de mais anestesia, álcool e comida. Quando de repente viu os médicos operando. "Mãe, conta por favor. Conta. Conta. Conta." "É isso, não tem nada além disso", ela respondeu.

A cirurgia da Rute-mãe aconteceu junto com as férias de fim de ano. Depois da temporada com a Kenya no Matutu, passamos um período no Rio por conta da cirurgia, dessa vez acolhidos na nossa tia Inês, que hospedava a gente junto com Mariana e André, nossos primos. Eles viviam no sétimo andar de um prédio. E prédio pra gente era uma palavra muito boa, muito melhor morar em prédio, ter play, assistir TV, comer iogurtes. Danoninho, Chandelle. Inês dava essas coisas que a gente não tinha, na TV passava Carrossel e eles tinham um gato cinza-claro chamado Rabito: a mistura disso tudo tinha um nível de estabilidade externa. Naquele apartamento, pequeno e quente, existiam também grades nas janelas, grades que eu não entendia, além de telas pro Rabito não se jogar.

Tia Inês me tratava com muito carinho. Embaixo da cama dela havia umas gavetas, em que acessávamos álbuns de fotografia feitos por ela, com um colorido diferente; fotos dos anos setenta e oitenta. Fotos cortadas com tesoura, carnaval de rua, praia com biquínis de crochê, uma foto clássica da nossa família: as três irmãs Rute, Inês e Lúcia grávidas ao mesmo tempo. André imitava Elvis Presley, Mariana era amiga de meninas que se arrumavam juntas para irem à Wells Fargo, uma boate de matinê.

A gente se adaptava bem aos lugares. Nossa vida não nos dava outra condição. De Matutu pro Rio, e já estávamos com muita pena de ter que voltar a Caxambu, para a volta às aulas. Dessa vez voltamos só com a Dé, até nossa mãe receber alta da cirurgia. Foram meses finais em Caxambu e pude viver a cena mais bonita da cidade: aquele preparo de todo o povo mobilizado para a Semana Santa.

Tampinhas de garrafa eram encapadas de diversos papéis coloridos-brilhosos numa espécie de gincana entre as turmas da escola. Com aquelas tampinhas, íamos para as ruas já fechadas reproduzir imagens como o rosto de Jesus ou da Santa Ceia. A gente fazia com serragem pintada os contornos das santas, além de todos os ensaios na coxia da igreja. Nunca fomos católicos. Essa foi nossa única aproximação com o coletivo católico do interior: fui uma anja barroca vestindo pijamas por debaixo da roupa com asas. Minha mãe não pôde ver, mas eu estava lá.

Rito 25

Até que enfim a digestão emocional

Carregada dessa culpa do acidente dos sete até hoje, até não poder mais. Emaranhada nessa culpa no decorrer das outras circunstâncias de sobrevivência subsequentes-emendadas-radicais. Sem o tempo necessário da digestão emocional que, quando não feita, vai que vai com o organismo a mil.

Agora, nesse talvez primeiro grande processo de tempo de translucidez da própria vida, contei à minha mãe o tamanho da culpa que carreguei. Hoje que parei para escrever esse livro, dialogo internamente com vários bichos da memória e ligo pra Rute-mãe a fim de encontrá-la para perguntar, sentir, confirmar, resolver ou manter, na poesia-ficção, memória ou caos. Eis que nesse ponto ela abre com um berro de suspiro que eu nunca devia ter tido sentimento nenhum de culpa em relação ao acidente.

E me relata: "Nilo botou a mão na minha perna, eu tirei, ele botou de novo, eu tirei, ele botou a terceira vez, eu tirei. Ele perdeu a mão do volante. O carro capotou."

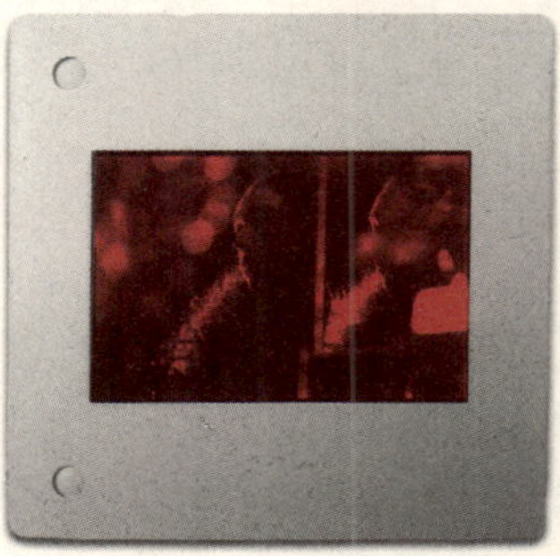

BOTAR OS COLCHOES PRA FE

ÓS TRÊS AGARRADINHOS ~~[illegible]~~

ISTÓRIAS DE ÍNDIO, TOMANDO

E LUA. DESDE ENTÃO ESTAR

SSA DORMIDA AO AR LIVRE

NOITE DE LUA CHEIA. DORMIR

TO OU AO SERENO. O LIVRO DE

GENTE MAIS AMAVA ERA UM

CONTECEU A NOITE E O DIA.

ES SÓ HAVIA ~~OSCURIDÃO~~ LUZ

OITE ERA GUARDADA NUMA

TUCUMÃ/ ~~ANAGA~~. ISSO IA EMBORA POIS

NIOS SEQUESTRAVAM A NOITE

capítulo sete

memória de vargem grande

RITO 26

PEITO NA CARA E O JEGUE COM MAIZBIER

A horta já estava estruturada, uma turma da Física Quântica de Jacarepaguá oferecia formação em horta. Lá Rute se formou, e por Vargem Grande encontrou seu Jacó Sodré, um homem sério, cigarro atrás da orelha, mão grande de Deus com a terra, sócio na horta com minha mãe. Dos berros mais ecoados por minha mãe na minha primeira infância tinham os dois mais: "Crianças, quero cenoura, inhame e tomatinho" e todo dia ela dava uma lista oral pra gente ir colher. O segundo era: "Sergio, vai comprar pão." Nesse, ela trepava em cima dele na cama e jogava o leite do peito dela na cara dele. Quanto mais forte a inércia da ressaca dele mais forte era o berro. O leite na cara. A gente na horta colhendo pra ela. Botando tudo na boca, coisas proibidas, matos, terra. O gosto dos brócolis do pé. O dia que quase morremos com pimenta.

Pedro mamou até três anos, mamava em pé, grande-parrudo. Só andava pelado, pé-na-terra. Xingu-batata era o apelido que o Nica tinha lhe dado. A língua do Pedrão era própria e ele falava muito. O quintal era mágico – muita coisa de quintal acontecia todo dia. Um dia nosso jegue Jerônimo arriou: significa que as quatro patas não levantavam mais. O veterinário chegou, deu injeção pra cá, injeção pra lá e nada. Então chamamos seu Aristídes, que rezava a gente com arruda toda semana. Nisso já tava Nica, Wilson, Pará, Parázinho, Zé Maurício, seu Orlando, todo mundo em volta envolvido, dando opinião, água com seringa, massagem. E foi um silêncio geral. Seu Aristídes mandou todos nós ajoelharmos em volta pra rezar junto para o Jerônimo. Daí quando acaba a reza, seu Aristídes diz: "Preciso de uma Malzbier pra continuar a oração." Então nosso pai corre até o seu Manel da padaria, pega uma Malzbier. Seu Aristídes pede uma mamadeira, o jegue puxa o bico da mamadeira com Malzbier e na mesma hora levanta as quatro patas. Entre as lendas mais fortes do nosso quintal, está essa do jegue que ressuscitou com Malzbier por ideia do nosso rezador.

rito 27

E O NOSSO PARTO ERA DITO

Para a praia, oito minutos de carro
ou trinta de bicicleta.
A gente toda que morava e habitava.
A horta versus toda loucura e álcool.
O cinema marginal e o cheiro de terra.
A umidade e o próprio trabalho com as
plantas de não virar mato, brejo.
A mesa no centro do quintal com quatro
amendoeiras grandes, uma em cada ponta.
Em que todas as histórias eram
ressuscitadas, ouvidas, faladas.
E o nosso parto era dito.
E eu amava saber como cheguei
e como era antes de chegar.
Até de madrugada com minha mãe já dormindo

e meu pai sem me pôr pra dormir:
ouvia do parto da Rute de quando
nasci, de quando Pedro nasceu.
De como era exuberante essa escolha
deles pela roça, mesmo que louca.
E os gestos enormes de meu pai contando:

"A gente chegou da praia, foi tomar um banho de chuveiro e a bolsa estourou. Rute quis voltar pra praia com muita calma pra acender uma vela enterrada na areia e fazer umas rezas pro parto.

Estava histérico, que tempo é esse que ela tem.

Mas fomos juntos e rezamos aquelas rezas nam-myoho-renguê-kyô. De repente entramos no carro e pus um som dos pífanos de Caruaru. É uma música com Mana:

Ó, Mana, deixa eu ir,
Ó, Mana, eu vou só.
Ó, Mana, deixa eu ir para o sertão do Caicó.

Um canto lindo do Brasil profundo se repetia no caminho até o hospital no Rio Comprido, enquanto a cidade corria para o Maracanã, para os bares de um domingo de Flamengo X Botafogo. Rute, calma, fazendo a respiração do sopro da vela, nós dois no carro indo ter nossa primeira filha. As contrações intercalando as respirações do sopro da vela e do gemido da Rute formavam um uivado altíssimo dentro do carro. E eu não podia parar, só dirigir e dar a mão. Do estacionamento já fomos para a sala de parto onde estava o dr. Fernando Estelita Lins, um obstetra velho, lindo, com mais de cinco mil partos na cara. Ele colocou Rute naquela cadeira para parto de cócoras que ele tinha inventado: um artefato incrível que ele desenvolveu depois de uma temporada no Alto Xingu com as mulheres indígenas e levou para a rede pública. Assim, de cócoras, a mulher consegue ficar quantas horas forem necessárias.

Rute entrou na cadeira: Mana nasceu em uma hora. Foram poucas contrações a mais. Como professora de ioga, com toda respiração, ela olhava com muita calma pra gente: enorme, de cócoras, calma, passando toda aquela respiração para a Mana. E não tem nada mais bonito e violento do que nascer. Aliás, o único lado bonito da violência é o parto. E tem gemidos para acordar os céus. E a coluna dói, e o períneo dói, e rompe, atravessa, estoura, e respinga e sai uma pessoa, pedaço por pedaço com líquidos, sangue, e passa por todos os sentidos, e Mana não chorou. Foi pros braços da Rute, depois pro meu. E depois a placenta saiu inteira espirrando na nossa cara. E ficamos eu, Rute, a placenta e o cordão umbilical, com Mana sem chorar. E o dr. Fernando simplesmente respeitou a Mana não chorar. E a Rute foi a maior giganta já vista por mim. De cócoras. Uma giganta de cócoras."

rito 28

A FAMÍLIA SODRÉ E O AMOR-BOTÂNICO

Bem criança ouvi, reouvi e triouvi diversas vezes essa história do parto, detalhe por detalhe, cada vez diferente, mas sempre contada na mesma mesa, com o fogo aceso na frente, tudo no chão de terra.

> Com nossa mãe dormindo, respeitando
> sua individualidade,
> com nosso pai rompendo toda individualidade,
> trazendo um monte de gente pra ouvir, pra casa.
> E a gente criança no meio disso,
> entre os antagonismos.

Acordar tinha sempre dois destinos: quintal ou praia antes da escola. No quintal existíamos com a dona Carol, cozinheira, uma mulher com presença, negra, de músculos fortes e olhos azuis.

Ela pegava nas panelas, pegava tudo da horta de seu marido Jacó, e preparava cedo a comida. De fato, acordar tinha cheiro. Entrar no jardim era infinito. Rute já tinha ido trabalhar, ela pegava na porta de casa o primeiro ônibus 382, Piabas-Centro, e ia dar aulas de ioga. Em suas aulas, minha mãe também preparava mulheres para o parto, com ioga e shantala para grávidas.

Apenas uma vez por semana a casa inteira fazia silêncio de manhã porque naquela varanda que dava pro jardim, Rute respirava e fazia ioga com seu aluno de dez anos que vinha toda quinta. Rudá, um menino com síndrome de Down, que fazia superbem ioga. Eu amava correr para o meio das plantas e ficar observando a classe deles fazendo o gato, depois o quatro; e depois ele comia com a gente.

De repente chegava a hora de nosso pai ir pra floresta, ele não aguentava muito mais que três meses sem subir o Solimões, o Rio Negro. Daí nossa mãe crescia e, mesmo no seu bate e volta de sair cedo no primeiro 382 e voltar no último, a partir de mais uma viagem dele, ela inventou coisas como botar os colchões na terra e dormirmos nós três agarradinhos ouvindo histórias indígenas, tomando banho de lua. Desde então estabelecemos essa dormida ao ar livre em toda noite de lua cheia. Dormir ao relento ou no sereno. O livro indígena que a gente mais amava era um mito de como aconteceram a noite e o dia. “Porque antes só havia luz do dia e a noite era guardada num coco de tucumã. Depois disso, dois meninos indígenas sequestravam a noite da cuia.” Pedro dormia. Eu queria ver a cara da minha mãe quando acabava a história com o brilho da lua e aquele corpo quente. Ela era melhor sem nosso pai na casa, naturalmente melhor. O álcool dele lhe tirava de um temperamento agradável. E demorava sempre para ele voltar.

Todo dia a condução da escola deixava a gente na casa do seu Jacó e da dona Carol: já tinha TV com novela e a Elisa, a Regina, a Rita e a Geralda, adolescentes, semiadultas. A casa da família Sodré era rosa e azul, Jacó gostava da cor rosa e Carol da cor azul, e até hoje a casinha deles tem essa cor em homenagem aos dois. Fica na Estrada dos Bandeirantes, nos fundos de um horto grande, de onde eles cultivavam plantas para fornecer à região, e a três distâncias da nossa casa. Eles tinham um pé de amora mágica e constantemente carregado. Lá a gente podia alimentar os animais, ver a vida deles naquela lama verde entre os porcos tão rosados e o cheiro era de vida.

> Até onze da noite, mais ou menos,
> ficávamos lá dormindo juntos, um em cima do outro,
> sendo eu e Pedro as crianças da casa.
> Existia um tipo de amor-botânico
> entre as flores e nós,
> as bromélias e nós,
> as raízes e mudas e insetos e
> pássaros polinizadores e nós.

Matavam na hora uma galinha pra janta, que era preparada cozida com tomates, batatas, cheia de caldo, e a gente chupava com gosto o pescoço e os pés. Todo dia quando o último 382 passava com motor ruidoso na Estrada dos Bandeirantes e quando o ruído do ônibus parando encostava em nossos ouvidos naquela selva só com barulhos de sapo e cigarras e porcos, ficávamos a postos pela disciplina deles. Porque eles ensinavam a gente a obedecer ao esforço de nossa mãe e ao deles, já que se dependesse de nós nunca queríamos sair daquela casa.

Lá tinha uma disciplina de gente com horário, do tempero que começa às sete da noite do relógio biológico de todo mundo chegando do trabalho e construindo aquele cheiro de comida com estrutura familiar.

que ele

pai ~~gente pra um~~

passou três

~~um mirante~~

jeito estranho dizendo que

gente ia pra um mirante com

e na vida — conversar. ~~passo~~

terceiro dia, ele perguntou

tava pronto pra ir com ele

conversa boa tem ser em mirã

alto com vista. Ver as cois

e pediu pra gente se vestir

a roupa mais bonita. Que lá

ra vista — chinesa conver

em mirante

a fixação por conversa já

sso bisavô, que passou pro nos

capítulo oito

SEPARAÇÃO

rito 29

conversa boa tem que ser em mirante

Havia alguns dias que eu perguntava: “Mãe, meu pai não vai voltar nunca mais?” E ela respondia: “Vai voltar sim, mas na Amazônia ele fica incomunicável e assim que chegar no barco, manda câmbio.” Dias depois dessa pergunta nosso pai volta maior, mais forte, mais musculoso. Ele tinha participado por muito tempo de rituais de toré, uma luta da aldeia que havia visitado. Sergio-pai passou três dias bem quieto-estranho dizendo que a gente ia para um mirante com ele pensar na vida e conversar. Chegou no terceiro dia, perguntou se a gente estava pronto para ir com ele.

> Dizia que conversa boa tem que ser em
> mirante, lugar alto com vista.
> Ver as coisas de cima.

Ele pediu que a gente se vestisse
com a nossa roupa mais bonita.
Que íamos pra Vista Chinesa conversar.
Essa fixação por conversar em mirante
já vinha do nosso bisavô,
que passou pro nosso avô.

Então cada curva da subida pela Floresta
da Tijuca era um tipo de planta.
As quaresmeiras estavam lilases pelo caminho,
saguis, macacos-pregos, tucanos:
tudo aparecia no silêncio demonstrativo
do afeto do nosso pai
em pôr a natureza pra gente.
Chegamos com calma.

Desligar o motor,
tirar a chave,
abrir a porta,
ouvir os ruídos do local chegado.
Tudo era um gesto contínuo
de atenção e cuidado que
mesmo no caos nosso pai mantinha.

A alguns passos do carro estava a Vista Chinesa, aqueles bambus de cimento e azulejo imitando os bambus de verdade, mas sem oco. Uma pequena mesa ao centro numa espécie de coreto, e o chapéu arquitetônico do coreto com pontas rococós-orientais, tudo em tom de bambu amarelo-verde. Nosso pai com seu porte de enormidade sentou naquela mesa e se viu deparado com um filho em cada coxa diante da cidade: a Baía de Guanabara, os Dois

Irmãos, Niterói, Copacabana. As malhas cruzadas de mar-montanha, mar-cidade, túneis-artérias e o próprio coração dele pra dizer da separação.

Ele se viu por um tempo com nós dois no colo descrevendo as Cagarras, o Cristo, o céu. Nossa ansiedade era esquecida sobre o aspecto-espetaculoso dele, mas uma hora foi insuperável o "conta, pai, por favor, conta, vai. Conta. Contaaaaaaa. Conta. O que a gente veio fazer aqui?"

E ele começou dizendo que
quando decidiu ter filhos e casar,
sentiu e pensou
que o amor dele pela nossa mãe
era o que ia formar a gente.
Que ter duas pessoas que se amam
em casa ia construir a gente.

E de repente ele não tinha mais esse
exemplo pra dar pra gente em casa,
e que a gente não podia ser formado
numa casa com desamor.

Foi tão simples pra gente de compreender.

No mesmo dia ele saiu de casa.
E nossa vida melhorou,
porque o amor de cada um deles ficou
maior e mais inteiro com a gente.

Nossa mãe não fez ritual nesse sentido,
só deixou mais tempo pra gente,

chamou mais amigos dela pra ficar no sítio.
Trouxe mais a gente para as histórias
indígenas que ela contava à noite.
Ficou mais bonita.
Menos dentro do quarto à noite.

Muito pouco tempo depois, a gente conheceu a Bel, namorada do papai. Foi dentro do Lokau, um restaurante à luz de velas no meio da Reserva. Pedro fez um show do Michael Jackson para ela, o restaurante parou. Eu senti "oba, mais uma mãe".

Foi simples até demais todo esse processo,
como se separar fosse da natureza deles. E era.

rito 30

sexo, tô dentro, tô fora

Com o tempo as duas casas choravam. Nosso pai dizia que era triste não acordar todo dia com a gente, nossa mãe dizia ser ótimo a gente ficar um pouco com nosso pai. Aos poucos, a malha depressiva da nossa mãe emergia nessa nossa primeira infância. Ela ficava distante, depois parecia uma paisagem quente indo embora com o pôr do sol, vestia qualquer roupa, vários dias a mesma. Ela buscava a gente na escola e a gente dizia: "Por que essa blusa? Tá feio, por que você não corta o cabelo, não faz um coque, não bota batom, não pinta o cabelo, não faz ginástica?" Ela começou a dizer o termo "ditadura dos filhos", e a gente nunca entendia, nem perguntava o que é ditadura.

O ápice foi na porta da escola, aquele fervor de empurra-empurra com o inspetor chamando por nome na saída e quando o nosso nome foi chamado "Mana e Pedro!!!"

Foi o tempo de olharmos pra nossa
mãe e nos olharmos,
olharmos pra nossa mãe e nos olharmos:
era uma calça de pijama com uma camiseta larga
estampada com vinte e oito posições sexuais
sendo demonstrada uma a uma.
Tinha casal de quatro,
de lado,
cachorrinho,
papai e mamãe,
canguru-perneta,
Adão e Eva.
E em cada posição, o escrito
"sexo, tô dentro, tô fora".

A gente mal sabia ler.
Mas era bizarro.
"MÃE, que camiseta é essa?"
"A primeira que vi pela frente, nem vi, nem reparei."
E era muito grande nossa mãe não reparar.

Mas era presente quando eu a chamava pra fazer cocô comigo de mão dada. Porque doía. Ela sabia o horário de botar a gente pra escovar dente, fazer pipi e cama. E a gente continuava sem nem perguntar o que era ditadura, ainda sem saber o tanto dessa palavra em nossa mãe.

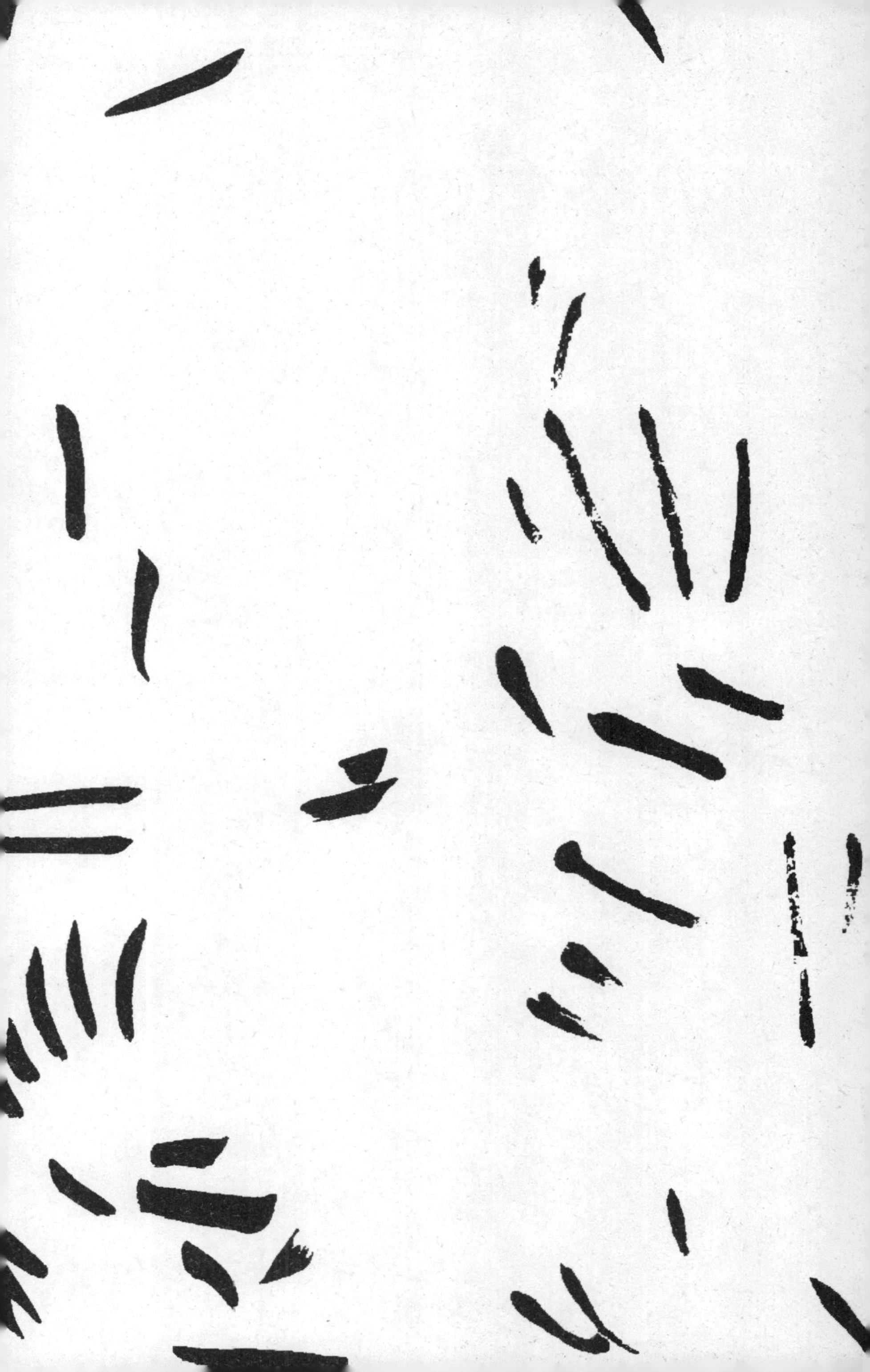

foi UMA. V

compreendo

chista de nosso pai

zar Rute por ser mul

Ela esta função

am muitas ao lon

no bélico se form

a assim como só

eram

CAPÍTULO NOVE

PROPRIEDADE DE EDUCAÇÃO SEXUAL

rito 31

MEU PAI DIZENDO QUE ABSURDO,
MINHA MÃE DIZENDO
QUE QUE TEM

Era muito grande a entrega de autonomia que nossa mãe nos dava: um pouco incrível e amedrontadora. Isso era uma contradição muito grande de um sistema complexo. Ela entregava a gente com muita facilidade pra vida. Desde sempre, desde que nascemos, desde antes de nascermos. Ela dava disciplina e soltava, o que fazia a gente ir confiante nos rolês. Mas aí entrava nosso pai desconfiadíssimo de como ela deixava a gente ir assim dessa forma. Ela rezava, determinava a parte chata de horário com limites. Hora pra acordar, despertador, hora de comer, comendo o que tem sem reclamar, pipi, escova de dente e cama, sem mais.

No entanto, com um ano de idade, eu já havia ido para Belford Roxo passar dois dias sendo apresentada para a família e vizinhos da moça que trabalhava havia dez dias lá em casa. Aos cinco, corria para os fundos da horta, gritava pro Vitinho pular o muro, a fim de fazê-lo descobrir que sabor da pasta de dente Tandy eu usava. Ali tinha um bambuzal e a gente se tocava naquela melodia louca dos bambus no vento como várias portas se abrindo e se fechando sem parar entre nós dois.

Vitinho era neto da dona Carol e morava numa vila ao lado. Aquilo rendia um segredo absoluto cada vez mais quente, mais saboroso, mais em segredo e mais e mais e mais. Até que um dia, com meus pais ainda casados, ouvi meu pai gritando que ia para uma ilha de edição até de manhã. Então fui até o bambuzal de madrugada, depois ele veio pra minha casa e fomos pra sala, pro sofá, pras almofadas, pro tapete. Meu pai chegou de fininho e arrancou ele de mim, de cima, como um gigante. Vitinho saiu coagido. Nosso pai subiu possuído acordando a Rute: "Como você deixa isso acontecer?" Eu fui ficando pequena, pequena, mínima. Meu pai dizendo que absurdo, minha mãe dizendo que que tem. Meu beijo passava a ter gosto de culpa. Meu pai gritou pouquíssimas vezes. Essa foi uma.

Hoje compreendo a função machista de nosso pai em responsabilizar Rute por ser mulher, em ter ela essa propriedade de educação sexual e não ele. Foram muitas cenas durante a vida em que esse nó bélico se formava e ele julgava assim como só dela esse papel. Eram nós sufocantes-contraditórios-desnecessários, mas necessários para uma autonomia de discernimento que fui alcançando ao me individualizar tão cedo para ver com compaixão.

rito 32

MÃE NUA DE BARRO DE CÓCORAS

Rute é sábia em responder com calma, em dizer com tempo sobre as coisas: passado, presente, futuro. E lá quando tinha uns cinco anos de idade, logo depois da cena do meu pai com o Vitinho, já estava querendo saber como exatamente as pessoas nasciam. Como vinham? Saíam? Passavam de outro mundo pra esse mundo? O fato é que minha mãe demorou uns três dias dizendo: que lindo você ter essa curiosidade. "Vou te contar com calma. Isso precisa de tempo."

> Ali comecei a sacar – ora sem paciência
> e com raiva,
> ora com leitura de que a vida é
> extensa – uma dimensão não imediatista
> das respostas dela.

Acordamos num dia, só nós duas. Não tive sinal de onde estavam todos. A casa fazia um oco em nós e Rute sempre pareceu uma mulher de barro do Vale do Jequitinhonha. Amava chamar minha mãe pra me dar a mão enquanto o cocô saía. Nossa casa tinha janelas todas de madeira, pintadas de bordô, com molduras amarelas de tom ocre. Externamente, veneziana e internamente, vidro. O piso da casa inteira era de tábuas corridas marrom escuro. Era um subúrbio rural e minha ovelha Aleluia ficava na sala. No banheiro, onde estávamos nós duas, havia uma inclinação do telhado de telhas de barro aparentes, sem forro na casa inteira. Uma janela dessas de madeira amarela e bordô ficava pra sempre aberta entre a floresta de fora-longe e a vila dos vizinhos.

"Mãe, fica de mão dada até meu cocô terminar, por favor." "Fico, meu amor." "Não vai embora. Aproveita que hoje é domingo." Dali saímos as duas e ela me disse que queria me falar sobre aquilo que eu tinha perguntado durante a semana.

> "Nascer?", eu perguntava sem olhar pro rosto dela
> sempre com a cara naquela imagem da Vênus
> que ficava num porta-retrato de prata não clareada,
> sobre a bancada grossa de madeira
> rústica também escura,
> com um tanque no meio
> e um espelho enorme com trinta lâmpadas
> de efeito camarim.
>
> "Como nasci, mãe? Que bom que você vai contar."

Então ela foi tirando a roupa. Esse costume nós tínhamos – vivíamos todos nus. Minha mãe se pôs de cócoras, nua. Pediu que eu olhasse e começou: "Foi exatamente desse jeito que te pari. Você foi parida de cócoras. Essa posição ajuda a vagina a abrir mais. Agora vou te contar o que é vagina, primeiro tem os grandes lábios, tá vendo que parecem os lábios? Lábio é boca.

Depois o períneo, você já ouviu essa palavra? Não? Períneo." Assim foi até a fecundação, útero, trompas, ovários. Numa ordem inventada, ela sustentou aquela postura de cócoras, aquele olhar calmo para me mostrar. Até que chegou na palavra prazer e finalmente me disse que fui feita do prazer. Então ela mudou de posição, botou a roupa e penteando o cabelo me contou que os homens tinham pênis. Que pela penetração pode sair gozo-esperma-seiva. Comecei a deixar escapulir mais perguntas e ela foi deixando algumas coisas incompletas. Quase tudo foi um ritual, uma luz mágica entre nós duas e o oco da casa. Os órgãos íntimos da minha mãe sendo revelados a mim como uma maneira de me proteger, de me deixar apta a ir. O fato desse dia ter sido aberto, logo antes de mais nada e de tudo. "Você veio do prazer", ela fala. E essa foi a resposta que colei na porta do meu mundo íntimo, do meu mundo-cura, que ainda se iniciaria pelo corpo e suas mutações.

Pelo meu pai isso não saberia ser dito. Pela minha mãe ser desse mundo real que não esconde e nem poupa, tudo é dito, e isso é bom e é ruim. De qualquer forma desde desse dia aprendi com ela que filhos são feitos do gozo da mulher ao mesmo tempo ao do homem.

Carreguei isso até dez anos atrás, concluído em minha cabeça: filhos só poderiam ser formados com gozos concomitantes. Talvez aí, pra mim, more uma grande contradição da humanidade. Filhos iniciados apenas por gozos masculinos.

> "Para onde vamos, mãe?" Essas questões
> de humanidade versus exaustão.

> Aprender
> significa
> não prender.

rito 33

ENTRE AQUELE MAR NOTURNO E UMA MARESIA BRUTA QUE INVADIA A GENTE

Primeiro, uns dias antes,
meu pai deixou recados subsequentes
na secretária eletrônica.
O primeiro dizia: “Você está amando?”
O segundo: “Onde estão seus véus?”
O terceiro: “Temos um tesouro pra discutir.”
No quarto: “Vamos pra um lugar
com horizonte, perspectiva.”

Minha curiosidade não era maior
que minha devoção.
O abraço do meu pai sempre foi um dos lugares
onde me senti mais cabida no mundo.
Protegida.
E era bonito ver isso como traço
da ancestralidade dele.

O afeto físico entre meu pai e meu avô
transbordava cenas de amor cabível.
Toda a filosofia, a grandeza e o porte físico
agigantado deles continham uma espécie de
família de ursos, ursos sem medo de amar.

O carro do meu pai só andava com música. Nos víamos e nosso olhar hipnotizava tudo. Depois ele mostrava três CDs novos. E botávamos música em alta velocidade. A conversa passava por entre isso. O destino não era decidido. Íamos achar um lugar. Esse dia era noite. Chegamos ao único mar sem holofote noturno do Rio de Janeiro, o Pontal. Pegamos o paletó dele pra fazer de canga. Sentamos na areia, eu tinha quinze anos, virgem, e vivia com vontade de transar, muita vontade. Comigo acontecia de eu amar muito profundamente o Rodrigo, estagiário de arquitetura do vovô Bernardes. Então meu pai repetiu em ordem escalonada aquelas perguntas: "Você está amando? Como é amar?" E ali – entre aquele mar noturno e uma maresia bruta que invadia a gente – ele me deixava falar e vinha filosoficamente trazer os significados do que é amar pela primeira vez e se entregar.

Mas meu pai também pedia que eu abrisse o olho sobre as forças perigosas-masculinas. Humanamente, como ele era da pista, bebia, fumava, fazia de tudo, vivia em bar, ele sabia que os caras eram sinistros. Isso aumentava o senso de cuidado dele comigo.

Papai entrava na conversa sempre de forma poética e dizia que mulher deve ter o primeiro véu, o segundo véu, os vários véus. Para que o Rodrigo pudesse sentir a retirada de um a um, leve-suave até a nudez, como um ritual.

Sergio-pai conduziu nosso diálogo trazendo tópicos que até hoje permaneço com o olho vivo. Ele me disse das audácias e da força de uma intimidade saudável. O que é meu. O que é do outro. E pontuou, me olhando naquela luz reflexiva do mar sem energia elétrica: "Tenha muitos homens até decidir. Experimente. Viva. Relação pra tudo serve."

Nessa hora, aproveitei para dizer que já tinha sentido tesão por uma menina da escola. Ele achou natural, dizia pra eu fazer o que tivesse vontade e achava que para o autoconhecimento do corpo, experimentar com dois corpos do mesmo sexo era rico. Nunca havia sentido espaço de trazer essas informações para minha mãe. Ela vê como ele, mas com menos tempo de conversa. O lado feminino do meu pai me aproximava mais a contar com ele para iniciações ou para iniciar esses processos. Relatava essas coisas a ele e saía muito libertada pra viver. Nosso afeto era sintetizado nisso.

Numa hora, o frio ficou maior do que a conversa. E saímos outros dali. O barulho daquela música do mar nas letras de Henri Salvador em nossa volta.

No dia seguinte, encontrei o Rodrigo decidida.
Meu cio soltou.
Ter uma sexualidade saudável depois de
três anos entre hospitais e operação
foi um prêmio pra mim.

Me senti livre pra sentir tesão,
livre-autorizada.
O prazer reverenciado
como um deus por meu pai.
O prazer reverenciado
como uma deusa pela minha mãe.

Foi escolhido por mim,
no meu inconsciente da vulva.
Meu amor só pulsava por coisa tosca.
Transei com meu primeiro namorado
sobre sacos de cimento,
delicadamente,
numa obra que encontramos no caminho.

A obra estava molhada.
Rompeu o hímen.
Em Laranjeiras, como com minha mãe.
Em Laranjeiras.

Foi delicado e agressivo na medida certa.
Foi amoroso e amoroso pode ser tudo.
Fomos juntos sete anos namorados.

DEBUSSY CLAIR DE LUNE

ATÉ HOJE, LENDO ~~PAR~~ PARTITURA

S VASOS: UMA COLEÇÃO DE VAS

ASOS DE ÍNDIO, COM INSCRIÇÃO R

E MARAJÓ, DO VALE DO JEQUITIN

AIORIA DE CERÂMICA, UM F

IDROS, TODOS NUMA PRATE

URANDO ~~[illegible]~~ OS RE

ERFEITOS DE TODAS AS SA

ORAMOS.

UMA SOPA CULTURAL: U

E SARAU QUINZENAL ONDE

Capítulo dez

Filhos de Rute

rito 34

mamei nela grávida

Fomos pra um lugar onde eu não queria dar trabalho pra minha mãe, de jeito nenhum e absolutamente. É assim que minha consciência se formou precocemente. Lá pelos cinco anos isso já era sabido, o que me fez criar uma série de travas. Quando eu tinha três meses minha mãe engravidou do Pedro, um mês depois ela já estava nos enjoos da gravidez. Com sete meses de gravidez com o Pedro na barriga, finalmente eu começava a andar para ela não me carregar.

> Para ela não me carregar.
> Para ela não me carregar.

A organização e a autonomia já eram um trato nosso e a isso sou grata. Mas o fato e o sentimento que eu tinha de não poder dar trabalho, me contraía.

Parei de mamar na semana que o Pedro nasceu, ou seja, mamei nela grávida. Tudo isso pode ser naturalizado. Mas a exaustão é um demônio intenso que passeia por entre todos os hormônios do pré-parto, parto e pós-parto. E morávamos numa casa que dava trabalho – água e luz vulneráveis bombeavam essa articulação de ser artista com dinheiro imprevisível, força cósmica versus falta de estrutura.

> No dia em que Pedro nasceu,
> minha mãe conta que tia Inês ficou comigo
> pra ela e meu pai irem ao parto.
> A questão é que peguei minha cabeça
> e bati repetidas vezes na parede.
> Isso me choca e essa imagem é rebatida
> com toda a história do parto do Pedro,
> que nasceu entre meus pais num quarto
> de hospital em que a obstetra,
> que vinha de Arraial do Cabo,
> não chegava.
>
> A enfermeira que abriu a porta do quarto
> tinha uma voz tão estridente e aguda,
> em tom alto, que nosso pai entoou:
> "A primeira voz que meu filho vai escutar não
> vai ser a sua, por favor, deixe entre nós."
> Trancou a porta do quarto do hospital seguro disso.
> Segurou por baixo dos dois sovacos de Rute por trás
> numa espécie de alavanca e conseguiu fotografar,
> segurar, fazer o parto estranhamente.
> "O Pedro não nasceu, escorregou."
> Nosso pai amava dizer que Pedro virou
> músico porque não ouviu aquela voz da enfermeira.

rito 35

faltava e tinha muito

Depois ouvi diversas vezes que fui uma bebê boazinha, que naturalmente não chorava e só ficava de mãozinha, enquanto Pedro veio com a força bruta de não largar o peito por nada até três anos. E nossa mãe esqueceu seus poemas de lado enquanto crescíamos entre uma espécie de amargo-duro dela não conseguir expressar o tanto que tinha ali dentro.

Ouvíamos críticas sem ter fim dela em relação à loucura de nosso pai, briga, exposição. De maneira que a loucura dela se camuflava com uma espécie de defesa da loucura dele e isso era tão mais louco. Um caos. Faltava e tinha muito. O centro se afirmava nos dias que ela tocava Debussy num piano de armário desafinado que vivia sempre entre nós na cozinha de onde moramos. Diversos lugares. Diversas escolas. Algumas coisas se sustentavam entre tantas mudanças: nossa mãe tocando Debussy, "Clair de lune", desde sempre e até hoje, lendo partitura.

Os vasos: uma coleção de vasos, moringas, vasos indígenas, com inscrição rupestre, de Marajó, do Vale do Jequitinhonha, a maioria de cerâmica, um peixe de vidro, todos numa prateleira emoldurando os retângulos perfeitos de todas as salas que moramos. Uma sopa cultural: uma espécie de sarau quinzenal em que um *borsch* de beterraba começava a ser feito um dia antes, uma memória de nossa bisavó, uma mistura enorme de gente que aparecia em casa e tinha o que falar, ia para o centro com poesia, contação de história, monólogo, flauta, coisa lírica, hip-hop, contos em castelhano. Gente que não tinha onde morar, estudantes, maioria de língua latina, sempre alguém morou com a gente numa espécie de albergue.

Uma reza forte que dura horas até hoje é o daimoko diário de Rute – budismo popular no Japão – de Nichiren Daishonin. Quase nunca tivemos bichos. Sempre faltavam toalhas, cobertores eram uns herdados de um bisavô que nunca conhecemos: o fato dele ter se suicidado e usarmos os cobertores dele – e Rute usa até hoje. Os barulhos sempre a incomodaram. A geladeira da Rute era uma expressão triste pra gente: uma panela de barro até hoje, a mesma, com o mesmo arroz integral de sempre. Um missô velho. Três legumes. Na infância a gente brigava por mais comida como havia na casa dos nossos amigos.

Um pôster do filme *Os palhaços*, do Fellini, sobre a cama. Um altar com velas e frutas. Ninguém podia sumir com o fósforo do altar. E o pior do pior da revelação mais pesada que tivemos foi que nosso pai não entendia o fato dela rezar tanto e continuar colocando fósforo usado com fósforo novo na caixa. Uma unha milenar do pé sendo cutucada com uma micose dos anos setenta até hoje. Essa cena do cutucar era vista como um escape da alma que me vem e faço escapes à altura pra me esconder de mim mesma.

RITO 36

UMA DAS COISAS QUE MAIS NOS CRIOU

E a ditadura continuava a ser uma palavra que vinha com anistia, que passava pelas nossas mesas; e a infância tem tantas palavras sem a gente saber que é o vocabulário da nossa infância. Nosso irmão ficou na França com seu pai, porque o pai dele era exilado, e nossa mãe, não. Esse irmão era o centro da roda de todas as mesas e passou a ser nosso ídolo: o Thiago.

> “Thiago vai ligar.”
> “Se tocar o telefone só atendo se for o Thiago.”
> “Mãe, por que você gosta mais do Thiago?”
> “Porque ele é o filho mais parecido
> comigo e porque tive que deixá-lo.”
> E uma vez por ano começava o
> sofrimento de como seria
> comprada a passagem de Thiago.

No dia que ele chegava a geladeira ficava tão cheia,
cada vaso vazio tinha um tipo de flor da feira.
Ele sempre estava no Brasil perto da época
do festival de morango do Chaika.
Aquela ida pontual logo que ele chegava
e nós podíamos escolher uma das
opções de tortas de morango
e cada um escolhia duas e a gente sentava
e trocava um com o outro até que uns novos
sabores de torta de morango digerissem
como um jazz de improviso à chegada,
fértil,
alegre,
colorida de nosso irmão mais velho
que tinha palheta na mala,
saxofone, partituras e mais partituras.
Desde criança ele era nosso sonho.

Seu sotaque francês, nosso jeito de dizer que tínhamos um irmão francês. Os chocolates que ele trazia, todos Toblerone. As roupas dele, o cabelo, os gostos, o cheiro da mala, as músicas que ele ouvia, o interesse dele pelo Brasil, principalmente, eram sempre os dias mais felizes de nossa mãe. Mas enfim ele voltava e ela não aguentava essa despedida. Chorava, murchava. Com isso aprendemos sobre guarda, ditadura, anistia e exílio, só faltava tortura que foi mais pra frente que soubemos que era junto.

A guarda do Thiago era do pai dele, um cara que fez parte do MR8 – organização de ideologia comunista e luta armada contra a ditadura militar, que ajudou a bolar o sequestro do embaixador americano Charles Burke Elbrick. Luiz Eduardo, pai do

Thiago, um psicanalista sério, era exilado como perseguido político. O medo dele era que nossa mãe, que não foi exilada oficialmente, trouxesse Thiago de vez para o Brasil, e ele lá, sem notícia da anistia. Esse tinha sido o motivo de uma briga na justiça francesa, que por fim ele ganhou, e Rute veio me ter com meu pai no Brasil, deixando Thiago em Paris.

O jeito calmo, profundo e compreensivo do Thiago com nossa mãe e a relação espiritual entre eles foi uma das coisas que mais nos criou. Olhar os dois. Foi em Vargem Grande – na primeira memória que tive – que Thiago começou a tocar sax. Nessa época, o piano era a paixão de um tucano selvagem, que sempre que a Rute ou o Sergio começavam a tocar, vinha pousar na ponta do instrumento.

A casa era muito aberta. Na parede que o piano de armário se apoiava existiam três coisas: um saxofone de prata que tinha sido do vovô Baby, nosso bisavô Bernardes, por parte do nosso pai, um cinto de miçanga branco e vinho feito por indígenas com uma série de guizinhos de sementes em várias pontas, e um quadro com uma imagem de uma Iemanjá sobre uma dúzia de bananas num oceano.

O sax era apoiado em dois pregos sobre
uma tipoia ou uma tira de tear dos Andes.

Nosso pai tocava um tambor de crioula e fazia cantos gregorianos. Thiago começou a ter interesse por música numas férias. Nosso pai era apaixonado por Thiago. Todo mundo era. Thiago vinha como um acontecimento em nossas vidas. Nessas férias, fomos levá-lo ao aeroporto e esse sax já ia com ele pendurado no pescoço, no embarque, junto com um crachá de criança à bordo.

Nossa mãe muda com aquelas milhões
de lágrimas engarrafadas.
E ali começamos a honrar
o saxofonista da família.
Ninguém tinha como não ser artista,
era muito sentimento envolvido.
Já éramos tão absolutos como se cada um
tivesse que ser uma célula forte
pra se defender, e fomos.

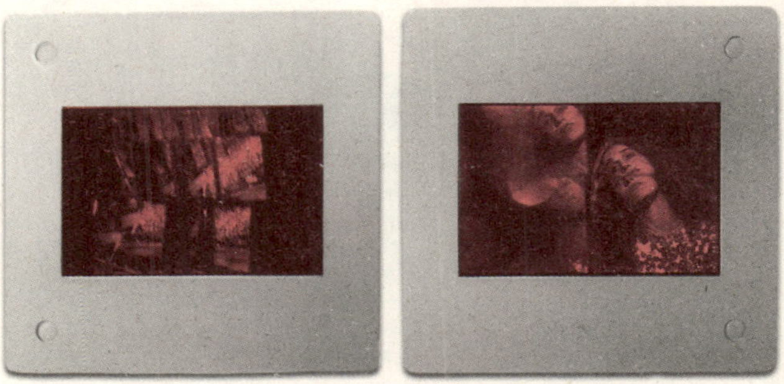

É muit vezes o

ABERTURA

DA ~~QUARRI~~ [~~AA~~

~~BACIA~~

BACIA DA MINHA

PASSAR ~~IIII~~

DA |

CONTINUO ACH

-IBILIDADES e SER PER

capítulo onze

trompas de falópio

rito 37

uma barriga aberta que ganhou costura na infância

Hoje tento ser mãe, esse tema é presente, mas não consigo parar. Fico achando que posso engravidar em movimento. Tenho buscado o significado desse parar que tanto me falam – a culpa me apita nesse diálogo interno. Faço uma quantidade de coisas como se eu fosse uma surfista e as coisas uma onda gigante, que ora surfo, ora sou engolida.

Espiritualmente abri os caminhos: quero liberar minha barriga, uma barriga aberta que ganhou costura na infância de maneira abrupta, um corte das vísceras, tecidos, órgãos e músculos, tudo que remendado virou cicatriz desde o baixo ventre, quase início da minha xoxota, até quatro dedos acima do umbigo.

Fisicamente, a cicatriz construiu dois hemisférios bem definidos. Minha personalidade é marcada por isso. Minha assinatura constitui vários triângulos interligados divididos por um traço em homenagem a esse corte que me salvou.

rito 38

COMECEI A QUESTIONAR O LUGAR DA MULHER AQUI

Ritos do nascer ao parir existe e nasceu do fato das minhas trompas não me permitirem engravidar naturalmente durante o processo dos estresses das fertilizações. Comecei a questionar o lugar da mulher aqui. E os porquês.

Por que a mulher casada com sua
realização profissional
não é considerada um pilar na sociedade?

Por que a mulher que se separa sempre
e experimenta vários homens e amores
não é uma maravilhosa mulher maravilha?

Por que o sonho de casar e ter filhos com
um mesmo marido é o ápice do inconsciente social?

> Por que adotar sozinha uma criança é
> malvisto se 90% das mulheres criam
> sozinhas seus filhos no Brasil?

Me encontro pensando entre meus pentelhos, que não consegui depilar mais, tudo isso. Ainda tenho no meu útero a dor de todas as fertilizações. Dói. Desregula. Desconduz. Como posso me fazer nascer disso tudo?

Rito 39

A dilatação de existir me é enorme

Enquanto escrevo, menstruo um sangue que não queria ter. Dessa vez o corpo incha mais do que o normal, a TPM é em ultradoses de hormônios-náuticos. Náuticos porque são dias intermináveis que parecem um barco trêmulo. A necessidade da fertilização vem das minhas trompas terem sido amassadas, aderidas e sufocadas na cirurgia que fiz na infância-adolescência, aos treze, por conta da Doença de Crohn.

A terceira fertilização, dessa vez, parecia vir com tudo: um que estou escrevendo *Ritos do nascer ao parir*, dois que dessa vez a casa ganhou ritmo, três que os exames enormes e caros foram feitos um na Espanha, da biópsia do endométrio, outro, em São Paulo, do teste genético dos embriões, quatro que tudo na nossa vida está num processo de ganhar corpo: Marcelo fazendo disco, eu, livro, cinco que compramos um carro que a dois anos só alugávamos e conseguimos uns acontecimentos estruturais como esse, depois de tanta feira subida no muque na ladeira de nossa casa na floresta. Seis, sete, oito, nove, mil, estou com raiva, joguei o celular no chão com raiva quando a doutora disse não saber o motivo de não pegar a fertilização.

> E hoje exatamente, hoje, sinto raiva e frustração.
> Frustração e raiva. Sinto.

Se o mundo circular dentro de mim e tiver que ser pelo útero a sensação de abrir o mundo para uma pessoa, tudo certo. Mas adotar é tão grande e o caminho que se forma entre um ser e outro expande mil mundos.

Tenho tido conflitos com meu par: ele compreende a relação com códigos diferentes. Peço todos os dias diante do meu altar budista, peço não, determino.

> Até porque no budismo
> de Nichiren Daishonin
> abrir o altar é abrir a vida
> e não tem imagem de devoção,
> devotamos a própria vida
> como matéria-tema
> de expansão humana
> da nossa passagem.

Determino que os meus valores como mulher sejam absorvidos pelos meus amigos, meu par, meus íntimos, familiares e sociedade. Marcelo se compreendeu desabitado de si e nessa abriu a porta do ciúme. Ele se mudou para minha cidade carioca-solta, sua São Paulo ficou com seus vínculos, hábitos e parceiros de música. Não estou conseguindo ser heroína para compreender por que, mesmo depois de terminar uma fertilização, em plena tristeza, ele ainda teve ciúmes e desconfiança dos meus gestos. Do meu pra lá e pra cá. De que lugar irei, de por que não voltarei logo. Foi demais pra ele tudo, de se desabitar de seus lugares e abrigos. É demais, é muito, é tanto, quase incabível pra ele, e explode em pleno dia que o Brasil perdeu a Copa, que perdemos a fertilização, que fui atingida por esse território emocional todo.

Hoje perdi o moralismo de não poder gritar pra me achar mais correta do que o outro. Quero meus direitos nessa relação. Como farei pra dizer que não posso ser controlada? Que minha individualidade é um céu. Uma comunicação muito íntima com as coisas, o ar, as formigas, pessoas, e que amo a sugestão de dividir e compor isso junto, mas não posso ser invadida no meu espaço com o universo. Isso é tirar minha liberdade. Não sou de ninguém. Ligando os pontos de todas as angústias dessas passagens entre fertilizações e brigas, recebi alguns retornos da onda de liberdade de ter uma mãe que se põe como mulher parceira.

Ela diz:

– Frustração é fundamental pra um ser humano, é o que dá a verdadeira humanização, é o que gera humildade.

– Pacto ninguém deve fazer com ninguém, principalmente entre casal, pacto é coisa de diabo.

– Nenhum descontrole é aceitável – a gente reza, quem se descontrola é bicho, a gente tem ética.

Por fim, eu mesma posso dizer que não sou sua, posso gritar isso na altura que quiser. Porque se isso não tá sendo compreendido, é um grito. Escolho estar com você, não preciso estar com você, e espero que você aguente uma mulher que está com você por escolha, não por prisão, imposição ou necessidade psíquica, emocional ou financeira. Cinco berros pro bairro ouvir. Uma coragem depois de berrar, porque se na vida berrei foram doze vezes no máximo e berrar teve um poder incrível e depois de berrar me senti mais minha.

No meu caso, isso não tem nenhum risco porque não sou de berrar, nem de falar alto. Mas automaticamente senti minha força, meu valor, minha possibilidade de ser uma mulher livre, porque vou dizer com todas as palavras de quem já foi casada três vezes: não me sinto livre casada. Caio em mil jargões, uma sombra da mulher independente-trabalhadora vem à tona, e me sinto fechada com o tempo pra minha criatividade. Existe sempre uma competição no casamento, que me deixa menos inteira como mulher e as repressões caladas por mim mesma e o excesso de responsabilidade em prol da tal estrutura que o casal desenvolve junto – amo e odeio tudo isso. Tenho raivas contidas. Tesões jogados fora. Sonhos eróticos que reprimo. Medo de soltar a franga, de escrever até de madrugada, de botar minha xoxota na escrita que fala dos orgasmos. De dançar e sair com os amigos de adolescência sem ele. De andar sem saber pra onde ir e cair numa série de acontecimentos, e voltar de manhã, e dizer um bom-dia melhor. E voltar a casar com a mesma pessoa mil vezes. A pessoa que me aceita no meu caos e na minha rotina. A pessoa que me tira do sério. Que me aceita como eu nem sei que sou. Não achei essa pessoa nem dentro, nem fora, nem em mim. Nem no outro. Durmo presa, acordo presa. Porque a dilatação de existir me é enorme, e nem que mil vezes os doze centímetros da abertura da bacia da minha mãe se abrissem pra eu passar, eu passaria.

Passei, poxa vida!

Continuo achando muitas possibilidades e ser perdida na dose é uma opção que não largo pela poesia que isso tem. O risco é sempre a primeira coisa.

Todo esse simbolismo de caber em mim confortavelmente foi uma busca de anos. Hoje caibo no autoamor de me acariciar, mas estar com o Marcelo me acende outras coisas, principalmente quando ele saboreia e me ensina outra dimensão de tempo em cada colherada da vida. E quanto mais me exercito pra caber confortavelmente no meu corpo mais esses momentos sufocantes da relação viram aprendizado. Aos poucos, iremos pra Tamera fazer formação em amor livre, que é a coisa mais séria que já vi e merece universidade. Também incluir deve ser um verbo conjugado no conjugal. Aprender tantra e o sonho do Marcelo de fazer música pro Zé Celso e eu, cenário. O maior treinamento de todos é manter.

Nam-myoho-renguê-kiô.

RITO 40

A MULHER TEM
DENTRO O OCO
QUE A FLOR
TEM FORA

A mínima flor que nasce
do buraco da agulha do cimento
onde chove
fica onde chora,
germina.

A flor é um útero aberto
pro espaço.
A mulher tem dentro o oco
que a flor tem fora.
A mulher que chora.
A flor que nasce do cimento frio ou quente.
Terra ou asfalto.

Buraco.

Ela nasce.
Posso ser mãe.

TINHAM CONSEGUIDO

HAMADO DR. COELHINH

EBRE SEM FIM. ELE M

MENTO TRAUMÁTICO NO A

SABIA DIREITO COMO

ÇÃO E MINHA MÃE VO

SPITAL COM UM COL

UAL: UM COLAR QUE

O PELOURINHO TODO FEIT

HOS VERMELHOS, VINHO

ERA UM CON

capítulo doze

Peri, um lugar que forma gente

RITO 41

UMA ESPÉCIE DE VILA QUE SIGNIFICAVA AQUELE LUGAR DE ESTRUTURA DEMOCRÁTICA

Finalmente Rute chegou nas muletas junto com o retorno ao Rio e nossa mudança pra rua Peri, no Jardim Botânico. É sempre bom lembrar: foi um ano de cama, depois de cadeira de rodas, várias cirurgias e com essas duas muletas agora nos mudamos para mais um lugar no alto de uma ladeira.

Ainda com a casa em caixas, no primeiro dia que saímos às seis e meia da manhã para a nova escola, um casal jovem chegava com sua filhinha Fernanda do hospital. Ela vinha embrulhadinha numa manta rosa, e Isabel, sua mãe, afastava a manta do rosto dela a fim de mostrar à gente. Olhava pro Pedro e o Pedro me olhava validando aquela mudança.

Peri fim de rua, sem saída. Nosso edifício ficava em frente a um conjunto de casas em que moravam doze famílias – uma espécie de vila que significava aquele lugar de estrutura democrática. Nós morávamos num apartamento de oitenta metros quadrados num edifício simples, classe média, de três andares. Ao lado, mais uma casa com seis irmãs velhas e virgens que viviam sem luz. Na rua mesmo tinha a casa da Dedé e do Caetano. Tinha a casa de um juiz e outras casas enormes e outros edifícios pequenos, todos de três andares, mas o final da rua tinha balacobaco.

Nossa escola-alternativa chamava Constructor Sui. A gente chegava, tirava os sapatos e vestia sapatilhas. Era um terreno enorme na Gávea cheio de esconderijos-refúgios para o pensamento. Foi muito simples a gente se enturmar com as pessoas da rua, o porteiro do nosso edificiozinho, o Josimar, falava um inglês inventado, e numa língua própria cheia de charme, ele dizia: "Maná, venha cá, que você vai ser amiga da Demizia. Pedro, vem cá, que você vai ser amigo do Eduardo." A maior diversão dele era ficar encostado num peru de rua, que são aqueles metais que trazem encanamentos de água pra cima, feitos de ferro. Ele encostava ali no muro das seis irmãs velhas e virgens e ele tinha pelo menos dez horas por dia exatamente ali, administrando a quantidade de acontecimentos incríveis que existiam naquela rua.

Passamos a ter a saúde impressionante de entre a escola e a casa, não existir casa. E nossa vida era escola-rua-rua-escola-nossa mãe gritando diariamente no interfone que tava na hora de subir, e a gente "só mais um pouquinho" e ela de novo, e a gente "rapidinho". E ela descendo pra pegar a gente. "Poxa mãe, tá muito bom aqui."

Nada era linear, a rua tinha a vila mais simples, os edifícios de classe média e as casas de rico, tudo misturado, além de um rio que descia de umas cachoeiras onde a gente fazia trilha. Seu Raimundo era o protetor da região. O preto velho, o homem do mato. Ele vinha com um cacho de banana nas costas, vendia as dúzias e cantava cantoria-cordel como se fosse uma roda de rap, uma batalha de hip-hop entre ele, o Josimar, a roda que se formava, aquela penca de banana encostada no chão.

Morava uma cidade de interior naquele topo de ladeira. Seu Raimundo e eu vivíamos um amor, ele trazia erva pra mim, me rezava, passávamos um tempo desmedido em cima das pedras de paralelepípedo daquela rua que nas noites de inverno do Rio pareciam guardar o calor e manter as conversas quentes. E qualquer minuto da manhã, tarde, noite ou madrugada tinha gente ali encostada nos muros, com a bunda no meio-fio, na porta uns dos outros.

Demizia, filha do Alcides e da Rô, é uma executiva hoje. Seus pais são jardineiros, possuíam uma empresa de jardinagem e eram donos de alguns quiosques de plantas. Eles saíam cedo, voltavam tarde, sempre juntos no Fusca lindo deles, num rigor estrutural dos mais intensos que já vi entre duas pessoas que resolvem se fazer juntas. Rosária falava uma vez "Demizia, para dentro" e pronto, ela entrava em um segundo. Demizia fazia balé clássico de ponta na Carlota Portella, usava um coque alto com rede e tinha pais rígidos. Eles vendiam doce fiado: paçoca, pingo de leite e chupe-chupe. Eu devia muito a eles diariamente. Além dos doces, aquela estrutura toda que eu não tinha em casa e existia lá. Foram inúmeras as vezes que nossa mãe foi deixando pra fazer compra mais pra frente, que nossa comida era sem graça e que no sofá preto da casa da Demizia, vendo novela, eu ia ficando até jantar aquele macarrão com colorau bem lindo da Rosária, que chegava tarde e botava a comida na mesa.

Eles fizeram filhos doutrinados para darem certo. Duas crianças com um olhar de quem vê longe e têm muito respeito pelos pais. Hoje compreendo os apertos e as bravuras do Alcides ou Tim Maia, como era chamado. Ele se esforçava com tudo que tinha para dar estudo de melhor qualidade e disciplina aos filhos. Não sei se posso compreender, minha formação, em oposição, foi solta e com falta de limites e contornos. Mas posso dizer que atrás da casa deles ficavam os quatro tanques de cimento que puxavam água direto do rio, tanques que não secavam, que não cessavam, água corrente entre o que Alcides achava que era dar limite e educação versus a diferença da formação que eu tinha em casa.

rito 42

minha letra veio da letra dela

Só posso agradecer nossa mãe e suas rezas – horas de daimoko pra criar a gente. As coisas foram acontecendo: a natureza da primeira infância em Vargem Grande, Caxambu, Matutu, a cura do acidente e esse sistema democrático de vida chamado Peri que nos deu diariamente o convívio, como o maior presente de todos, com as mais diversas pessoas.

> As casas das pessoas da vila eram abertas,
> as casas das pessoas ricas, fechadas.
> A gente vivia no meio.

Nossa casa era aberta, nossa mãe saía cedo, voltava tarde, éramos muito sozinhos em casa. Todo dia acordávamos com um bilhete dela na mesa da cozinha: "O dia tá lindo, façam o dever, juízo, hein. Ligo pra escola pra saber se chegaram bem." Se tivesse sol, ela fazia um sol desenhado cheio de raios entre as palavras.

Minha letra veio da letra dela,
minha escrita veio
desses bilhetes diários
pra orientar a gente.
E de umas cartas anuais
que os três filhos
recebiam em seus aniversários.
Hoje tenho trinta e seis anos
e trinta e seis cartas,
uma por ano desde que nasci,
com poesias,
às vezes textos,
às vezes desenhos com grafias.
Todos serviram, não houve
um ano que não houvesse.
Isso é ritual.

O PODE

Quando fiz dezoito foi assim:

"Querida Mana,

Ontem a gente viu que você está mais alta do que eu. Isto significa muito, significa que já posso sair do lugar de mãe e ser só amiga. Não que ter sido mãe não tenha sido absolutamente definitivo e importante para mim. Claro que foi, aliás obrigada, você me educou muito bem e agora já estou formada e livre para alçar vôo. Não é fácil, sair do lugar de mãe para ser só amiga, exige algumas renúncias. Mas nada impossível se a gente já aprendeu a reconhecer o poder dos limites! [1]

Feliz aniversário!!!!"

Rute

1 Referência ao livro *O Poder dos Limites. Harmonias e Proporções na Natureza, Arte e Arquitetura*, de György Doczi.

Rio, 8 de novembro de 2001

Querida mana,

Ontem a gente viu que você já está mais alta do que eu. Isto significa muito, significa que já posso sair do lugar de mãe e ser só amiga. Não que ter sido mãe não tenha sido absolutamente definitivo e importante para mim. Claro que foi, aliás

DOS LIMITES

obrigada, você me educou muito bem e agora e já estou formada e livre para alçar voo. Não é fácil, sair do lugar de mãe para ser só amiga, exige algumas renúncias. Mas nada impossível se a gente já aprendeu a reconhecer o poder dos limites!

Feliz aniversário!!!!

Rute.

rito 43

SUPERMERCADOS SÃO UM BERÇO DE DOENÇA

Éramos uma espécie de gente diferentona e quando criança é muito duro ser diferente. Hoje compreendo a palavra autêntico. Na época conhecia quase tudo como mico: era um mico que nossa mãe rezava muito em japonês. Um mico que a gente não tinha carro sendo de escola particular. Um mico que nossa mãe nunca comprava biscoito recheado, era rosca de orfanato, que a gente chamava, e ela dizia: "É esse e não reclama, se quiser outra comida, batalha."

E um dia roubei. Estávamos as duas no Disco Supermercado, no Jardim Botânico. Com a certeza de que minha mãe não me daria, em nenhuma hipótese, um Bubbaloo, enquanto ela estava na fila, fui muito nervosa até o departamento de chicletes: minha boca pedia sem raciocínio um Bubbaloo de uva. Tremendo, pensando que iam me pegar e me incriminar, rasguei o plástico do pacote de maneira trêmula e inábil. Botei no bolso da calça branca do meu uniforme três chicletes roxos. Atrás de mim veio um homem enorme, gigante, musculoso, à paisana. Ele com toda autoridade perguntou:

“Você tem mãe? Você mora na rua?”
A voz dele era grossa e firme como o Cristo.
Respondi começando a mijar instantaneamente.
“Tenho, ela tá na fila.”
“Você estuda?”
Escorria mais mijo por entre minhas
coxas e descia quente.
Muita gente começava a se juntar pra ver, ia começar
a formar uma poça e só pensava: não pode fazer a
poça, tô de calça branca, não sou menina de rua.
E conseguia de forma baixa e sucinta responder:
“Sim, tô de uniforme.”
“Então por que você rouba?”

Nessa hora a poça se formou.
“Minha mãe tá aí.”
“Então me leva lá!”
A voz dele formava a roda.

Minha mãe dizia: “O que houve? O que houve?”
Meu olhar trêmulo não saía uma palavra.
E a Rute respondia, era a hora de
eu ser levemente salva.
Não.
Ela respondeu com tom de humor
pra aquele terrorista.
“Ah, Mana, quer roubar, rouba direito. Me
dá aqui esse pacote pra eu pagar.”

O buraco mais fundo do mundo não era suficiente para a raiva que senti da minha mãe. Primeiro porque "quer roubar, rouba direito" foi muito pra mim depois de todo o constrangimento. Quando expressei que tinha mijado diante de todos e que ela não podia ter feito isso, ela disse que tinha sido só uma brincadeirinha, para eu não levar tão a sério. Até hoje não sei exatamente o que são traumas, mas foram dez anos atravessando para o outro lado da rua do supermercado. Pra ninguém me reconhecer.

De Disco virou Paes Mendonça,
de Paes Mendonça, Sendas,
de Sendas, Pão de Açúcar.
Aí entrei de novo adulta e senti muita vontade
de roubar supermercados, estruturas enormes
capitalistas que roubam tanto a gente,
que são tão coniventes com a indústria dos
produtos alimentícios cancerígenos,
da falta de humanidade na mesa.

Supermercados são um berço de doença,
um teatro de logomarcas e plásticos.
Uma manipulação pro consumo e pra promoção.
Me vi vegana sem vontade de ter nada desse meio
horrível que é o supermercado que rouba a feira,
o homem do campo,
o fazer da comida de verdade.

Vi a mulher dentro daquela cena.
Vi que tinham tanta razão, minha mãe e a raiva.
E tantas raivas que senti dela têm se
dissolvido hoje, ontem e amanhã
porque ela disse que teríamos esse tempo
e o que ela mais dizia diariamente era:
pode me odiar à vontade,
mas lava seu prato,
pode sentir raiva à vontade,
mas tira seu sapato da sala,
sou a mãe de vocês.
Vocês terão que me odiar e me amar
muitas vezes nessa vida.

rito 44

Na Peri todos esses mundos se juntavam

Acordar cedo, fazer a cama, ir a pé pela Lagoa até o clube do Flamengo nós três. Nadar. Economizar passagem de manhã e jantar com mordomo na casa da avó paterna. E ter um tênis. "Pra que mais de um tênis Bamba rasgadinho?" era a fala da nossa mãe. "Por que esse tênis tão feio?" era a fala da nossa avó Clarice. "Vamos comer profiteroles no Copacabana Palace!" era a fala do nosso pai rico-pobre e tudo mais.

À noite, depois de tudo, chegávamos à Peri e lá todos esses mundos se juntavam: Bené, Barão, Marcelinho, Pedro de Lita, Pedro Gil, Pedro Pena, então o Pedro, meu irmão, era o Pedro da Mana, Moreno, Wellington, Heros, Paulinho, Fabiano, Gabriel, Juninho, Isabel, Alex, Alessandra, Isabela, Divina, Juliana, Taiana, Raquel, Osvaldo, Mônica, Fernanda, Tatiana, Terezinha, Antonio, Charles, Rico.

E no meio da facção da Magá, mãe da Mônica, a gente ficava entre overloques comandadas nos pés por pedais. Rolos de linha e agulhas nas mãos. Nas mãos também a lycra, o tecido louco que elas costuravam seiscentos biquínis iguais. E todos os dias umas moças passavam a noite pra levar. Lembro muito da etiqueta made in Brazil com z, os biquínis, maiôs e sungas eram pra fora. E pra dentro daquela facção de costureiras estavam as mães dos meus amigos. Todas costurando. E era dentro de cada mesa de máquina overloque que eu queria ficar: vendo além da linha, da costura e do brilho da lycra, o saco da rebarba de cada máquina, um saco por dia de aparas, aparas e mais aparas.

Sete e meia o Bené chegava, e mesmo que eu tivesse com a Mônica na Magá fazendo montanha de aparas, esticando aqueles quilos de fios, lembrava: tenho que ir. Mônica me questionava "fica aí, Mana" "Tenho que ir, Bené tá chegando." A gente esperava o Bené chegar do trabalho, ele fazia de longe aquele berro alegre: "Maninha quer vir, Pedrão, vamo lá." A gente se olhava com muita cumplicidade, eu e Pedro: era hora de a gente ser jogado pro alto.

O trabalho de onde ele chegava todo dia era de segurança particular do Cazuza. Bené, de dois metros, lindo como um pivô dos reis. Capoeirista. Alegre. De terno. Terno, ele era terno. De ternura. De doçura. A gente se jogava no Bené e ele zunia com a gente pro fundo do céu. "Faz de novo" era a nossa única fala rindo, "faz de novo, por favor. Faz de novo." Perguntávamos pelo Cazuza e o Bené dizia com um sorriso pequeno e uma dor: "Tamo indo."

Bené sempre aparecia na TV carregando o Cazuza no colo. Depois ele ainda carregava a gente, ou será que era a gente que carregava ele? Bené namorava a Edna, costureira da facção da Magá. Rute não dava muita bola pra ninguém. Nossa mãe meio dura: torturada, comunista, anarquista, trabalhora, dava aulas de ioga na sala de dança dos fundos da casa da Dedé, mãe do Moreno, ex do Caetano.

Alice era a guardiã da chave da sala das aulas particulares que nossa mãe dava pra tanta gente por lá. Alice, uma mulher linda, da Bahia profunda, negra, dos temperos inimagináveis. E mãe do Wellington, o cara mais lindo do mundo e percussionista do Gil. Alice gostava de perfume de manjericão Herbíssimo. Nossa mãe também gostava. Rute a agradecia com aquela água de colônia de frasco verde. Um por mês. Fazia parte do vocabulário delas. E tantas festas.

Mas festa não era muito com Rute. Seu jeito reservado com um mundo muito grande por dentro, que não era assim aberto, mas que quando começava a ser desvendado parecia mil e uma noites, todo dia tem um véu, um capítulo.

RITO +5

FAZER A CAMA
tem A VER COM
AUTONOMIA
DE VIDA, SÓ ISSO E
ISSO É TUDO

"Conta, mãe, conta: por que você
se separou do meu pai?
Quantos homens você namorou?
Quanto tempo você morou na França?
Como foi ser faxineira do Ringo Starr em Londres?
Por que sua mãe te maltratava?
Por que seu pai é doido?
Onde você perdeu a virgindade?
Por que você virou professora de ioga?
Arranja um namorado!
Me dá um pouco de história hoje?"

"Escolhe uma pergunta, já te falei que
não respondo mais de uma por dia."
"Mãe, a de Londres, por favor, como foi ser
faxineira do Ringo Starr? Me conta."

Ela sempre começava com "foi simples". E era inexorável pra mim ouvir que foi simples. Como aquela mulher, daquele tamanho, com aquela vida toda, tinha tanta modéstia e austeridade? Por que ela não brilhava mais que tudo com aquela vida?

"Ãrrã, mãe, foi simples. Vai, conta."

"Então um amigo meu chamado Antonio de Carvalho, um cara lindo, artistão, trabalhava numa empresa, cooperativa, agência que só contratava artistas pra serem faxineiros por hora de outros artistas. Era uma casa grande, simples, bagunçada e eu era muito ingênua, hippie, fazia crochê, ioga, não tinha noção que estava dentro da casa de um ídolo do mundo. Um estúdio ficava nos fundos da casa sempre cheio de músicos. Ele me tratava superbem. Um funcionário indiano, antigo na casa, que me ensinou a fazer cama com rigor, tipo de hotel como ensino a vocês. Ringo amava a cama que eu fazia. Vocês saberem fazer bem a cama é fundamental."

"Conta mais, mãe!"
"Uma hora eu conto mais."

"Mas na verdade quero pontuar que fazer a cama tem a ver com autonomia de vida, só isso e isso é tudo. O mundo é dividido entre as pessoas que acordam e fazem sua própria cama e as que não fazem. Ouçam isso. Fazer a cama é um ritual de compostura de vida, de início do dia."

"Conta do Rogério, mãe, por favor."
"Não, Rogério, deixa para um outro dia, é muita história, não dá pra resumir, tô cansada."

rito 46

PEDRO II

Nessa época, aos doze, o Pedro II era a escola dos sonhos da nossa mãe. Tanto eu, quanto o Pedro tivemos que nos preparar para entrar nesse sistema público de ensino: passar nessa espécie de vestibular com essa idade tinha sido uma coisa pesada que não permitia praia. Depois minha média foi baixa, não passei pra unidade do Humaitá, mais perto de casa, e só entrei pela reclassificação pra unidade que tinha vaga: Engenho Novo. Então eram dois ônibus sozinha com 11 anos: um pra Vila Isabel, o 438, e outro do Grajaú para a rua Barão do Bom Retiro.

O uniforme: saia azul marinho, camisa branca de botão com emblema, meia soquete 3/4 e sapato preto. Chegar na hora do hino, passar pelo antigo zoológico do Rio, um parque abandonado ao lado do Morro dos Macacos. Cantar o hino, entrar em corredores largos com compasso na mochila, bater continência para cada professor que entrava, estudar numa carteira de madeira existente desde 1960, ver a estrutura de grêmio, comer joelho na passagem do cruzado pro real. Descolar uma amiga que dá carona e dar orgulho pra Rute. Voltar para o Jardim Botânico e ver que a cidade é maior ainda do que aquele trajeto Vargem Grande-Madureira-Peri.

rito 47

de não ter crescido peito, de não ter menstruado, de ter tanto intestino solto

Quanto aos namorados? Para mim, não eram uma questão. Sentia como um fluxo ininterrupto. O sentido é de um lugar que me exigia ser dura antes de ter idade, de ser fruto no ponto. E Rute namorou intensamente até se separar de nosso pai. Pra depois nunca mais casar, e pouco, pouquíssimo, namorar. E eu? O que devo fazer? Por quê? Onde está o desejo adormecido nas horas? E ela? Porque se a mão não desliza, os lábios não molham. E se uma mulher daquele tamanho tem anseios, são de ordem divina.

O espaço para o que é sólido, textura, entre coxas, cor, cinema. Desrotina. Descortina. E por onde o subjetivo todo dela se deitava? Talvez quando ela mandava a gente escovar os dentes e ir dormir. E erguido sobre o seu leito apenas uma pilha de livros, e mais de horas ela estudava até apagar a luz exausta enquanto nós falávamos "namora, mãe". E enfim nossa mãe dizia que filhos fazem ditadura. Mas esse espaço foi criado entre nós – a liberdade de falarmos de coração sobre puberdade, sobre corpo-ação.

Um dia fomos – antes de eu ficar doente – no dr. Fernando Estelita Lins, o médico que fez o parto quando nasci. Ele tinha consultório em Copacabana e o primeiro e o segundo andar do edifício eram espaços de sexy shop. A gente chegou à noite e depois da sala de espera havia um corredor fundo com pouca luz e um homem de verdade tomando whisky, com uma mini TV preta e branca e uma tapeçaria dos indígenas kaxinawá atrás. Ele falou que quando terminava de atender relaxava assim. Fernando e Rute eram amigos, amigos de congresso sobre parto, amigos do processo do parto, amigos porque ela dava aula de ioga para grávidas, amigos porque meu pai e ele se amavam.

Um homem de verdade, porque o assunto dele era de sete mil partos em hospital público, era de introduzir o parto de cócoras na rede pública, era de aprender sobre parto com as mulheres indígenas de diversas etnias. Era de quebrar o protocolo. Minha mãe e ele conversavam até dr. Fernando me levar a abrir as pernas. Rute ficou comigo de mãos dadas. E o bico de pato entrou gelado – que ferramenta louca, que médico gigante. Toda minha lente da vida era de aumento. E por fim ele dizia que eu ia parir bem e sentir prazer.

Saímos as duas para pegar um ônibus na Barata Ribeiro; não existia táxi, com nossa mãe era dinheiro contado, transporte coletivo, comida sem glamour. Secura, austeridade. Voltamos do dr. Fernando com ela me perguntando do Rico, meu primeiro namorado: "Vocês já são namorados?" "Totalmente, mas não quero transar, é cedo, nem fiquei menstruada."

Rico é um cara lindo. Na época, jogador de basquete do Flamengo, irmão do Charles, professor de break. Os dois acendiam a galera da rua Peri com tanta beleza e autenticidade. Charles sempre tirando onda, Rico introspectivo. Nos apaixonamos brutalmente – eu aos doze, ele com quinze – cada hora sem vê-lo era uma ausência a mais de mim mesma. Rico era um drama, eu era outro. Parávamos no tempo do sabor da boca, o espaço entre as falas a olhar para o rosto dele. Aqueles olhos tão expressivos, tão cheios de questionamento. Já tinha tantas vergonhas diante dele: de não ter crescido peito, de não ter menstruado, de ter tanto intestino solto. De não ter pentelho. Era agressivo abrir a intimidade pra outra pessoa. E ele sempre tão delicado, nenhum de nós sabia que uma doença já estava instalada em mim.

Os mundos antagônicos rondavam a formação da nossa família, entre a estrutura democrática da Peri e a aristocrática do serviço à francesa dos almoços semanais no apartamento do Arpoador da minha avó paterna Clarice. Sentada entre ela e seu marido, que nunca chamei de vô – o embaixador Miguel Rio Branco – só nós três naquela mesa de jacarandá de vinte lugares cheia de prataria que dava tanto, tanto trabalho pra um mundo de gente limpar. Ali meu tênis Bamba rasgado era criticado. Meu cabelo cheio-cacheado era penteado desfazendo cada cacho, minha camiseta furadinha era cosida, como ela falava. Era como se tudo, tudo da gente tivesse que ser transformado a cada almoço. Ali minha aptidão vegetariana foi obrigada a comer carne. Ali fui obrigada a ouvir a primeira declaração clara de racismo de minha avó sobre o meu primeiro namorado, aos risos: "Já estou sabendo que está namorando um negrinho, cê vai querer esse futuro de pentear cabelo de criança pixaim? É isso que você quer?" Levantei, bati a porta e fui chorar na praia, um choro que continua me abastecendo de noção. Isso interferiu, feriu e machucou qualquer perspectiva de afeto universal. O choque com a família se estabelecia aí. Esse afeto que é limitado à estrutura familiar, desde ali, nunca me interessou.

O processo hormonal intensificou um período de caos emocional. Olheiras. Insônia. Por que existir? Por que jurava que queria menos intensidade e era tão intensa? Meu intestino extremamente solto declarava doença. Nem tinha coragem de relatar aos meus pais, apenas estranhava, considerava que eles já tinham problemas demais e não queria por nada nesse mundo ser mais um. Meu cocô diarreico com sangue no banheiro do Pedro II foi determinado por mim aos onze que iria esperar.

Enquanto descortinava com o Rico, Rute descortinava com Naná, seu novo namorado. Mas logo a doença teve que interromper a vida: escola, namoro, casa na Peri. E tudo isso doía.

rito 48

a melhor coisa proibida de brincar

Em dois dias seria o aniversário da Rute, dois dias pra ela fazer quarenta e três. Ia ser o primeiro aniversário dela que passaríamos sem ela em casa. Era a primeira vez que no seu quarto recolhido com piano, atabaque, cartaz do filme *Sonhos*, do Kurosawa, e *Os Palhaços*, do Fellini, também estava ela na minha frente experimentando calcinhas. Umas lingeries de renda de cor bordô, o espelho da porta do armário velho estava feliz.

Nossa mãe levantava o cabelo pro alto, fazia unha, nunca tinha a visto desse jeito. “Mãe, passa base. Deixa eu te produzir.” Exatamente no mesmo lugar que ela estava, no fundo daquela parte do armário da porta de espelho, ficava o diafragma dela, que era a melhor coisa proibida de brincar, de mostrar secretamente para as minhas amigas, de imaginar meu futuro sexual.

Abrir uma caixa que parecia de pó compacto,
encontrar aquela meia esfera oca de látex,
torcer, lavar, ficar horas trancada
no banheiro fazendo cocô com aquilo
nas mãos: torcendo, apertando, imaginando como
aquilo entrava na vagina, como saía,
como prevenia a gravidez.

E enfim a pergunta saía:
"Mãe, cê nunca usa seu diafragma, né?
Dessa vez vai levar?"
"Sim."
"Mãe, cê tá namorando?"
"Não, vou só viajar com o Naná."

No meio daquela luz das manhãs da Peri, enquanto minha mãe provava suas calcinhas novas, toca o telefone e era o Naná. Eu atendo. "Alô" E do outro lado uma voz extraterrestre no melhor sentido dizia: "Já caiu cajá, já caiu cajá, já caiu cajá." Meu alô ficava mais afetivo e com uma interrogação: "Alô? Alôôôôô?" E do outro lado ele continuava: "De lá pra cá, daqui pra lá, de lá pra cá, daqui pra lá, daqui pra lá, daqui pra lá." Parecia uma sala de concerto, a voz dele tinha muito veludo e aconchego. "Maná, aqui é Naná. Tens uma mãe linda, tens uma palmeira aí em frente." E ele continuava com uma descrição de tucanos, beija-flores, da força do mito de Peri e Ceci. "Rute tá aqui" e passava pra ela com uma fala "mããão, ele é incrível. Incrível. Incrível".

Enfim nossa mãe estava num romance e embarcou pra Salvador.

RITO 49

AS MÃOS PRECISA
VAM
FAZER
MUITAS OUTRAS
COISAS ALÉM DE
ESTAR NO SORO

Nosso pai ficou com a gente e fomos ver *Perfume de mulher*. Em uma cena de tensão específica com Al Pacino, a cada segundo minha febre aumentava. De repente saía do cinema no colo do meu pai direto para o apartamento da Peri, sem conseguir me mexer, nem andar, tendo delírios. Só lembro de estar sentada no chuveiro morno tremendo, com nosso pai segurando meus pulsos. Sem saber como agir, sendo carinhoso-firme. Corri pro vaso daquele banheiro antigo de minúsculos ladrilhos hexagonais brancos e azuis e saiu uma cachoeira de sangue: a cena na privada vermelha parecia muito próxima da morte.

“Pai, pai, pai, pai, pai, quero minha mãe.”

Corremos para o Hospital Beneficência Portuguesa. Lembro de estar no colo dele o tempo todo, uma tarde inteira, toda inflamada por dentro. Inflamada depois de *Perfume de mulher*. Não autorizaram a internação. Meu pai então me entregou pra minha avó Clarice, mãe dele, que era uma paisagem: sabia dar Novalgina, fingir que não era nada e rezar com terços de ouro. No dia seguinte, tinham conseguido um médico pra mim chamado dr. Coelhinho. Em meio a uma febre sem fim, ele me enfiou um instrumento traumático no ânus. Doeu. Meu pai não sabia direito como agir. Só vi a dor e o sangue depois do exame. Ele pedia internação e minha mãe voltava direto para o hospital com um colar.

Isso é mais um ritual: um colar que ela tinha comprado no Pelourinho todo feito de alfinetes com vitrilhos vermelhos, vinhos e micromiçangas peroladas. Era um conjunto de noventa e seis alfinetes, contei na hora. Ela me deu o colar para me incentivar: eu tinha acabado de começar a fazer colares. Era febre, diarreia e olhar para aquele colar.

Dr. Coelhinho tinha mandado nosso pai comprar um remédio em Petrópolis com uma aeromoça que trazia dos Estados Unidos. Os dias na Beneficência Portuguesa passavam com o assunto paralelo de um cano que havia estourado e causado uma infiltração gigante em nosso apartamento. Para onde iríamos?

Aquele colar parecia um cocar e vinha do Pelourinho. O colar iria comigo, a vontade de sair daquele hospital antigo de grades de ferro na Glória me inebriava. As mãos precisavam fazer muitas outras coisas além de estar no soro. Pensava em colares, mil colares: terços, japa-malas, guizos, guias. Colares indígenas, de pérolas, dos tempos da avó da nossa avó.

ANÇO

CIFRA

RA DE TURMALINAS

NEGRAS

UILIBRISTA DE PEDRAS

NHO DA MÃE

IANE

PRINHO COM BOLHETA

VES

DIDUCAE !!

VIA. ASTRÓLOGA, FIGURIN

OR AMIGA DA NOSSA MÃE

E UMA GALERA DE TEATRO

IA TREPADO UM EM CIMA

O NO SEU QUARTO VERDE A

CONDICIONADO, CRISTAIS

GADA. SEU FILHO A

MAVA DIEGO – SURFISTA

LERA. SEMPRE TINHAM

NO ENTRA E NÃO SAI

SA. DO ANTONIO PEDR

IA QUE NOS CHAMARAM

capítulo treze

BORDEL DAS ALMAS PERDIDAS

Rito 50

PORQUE SILVIA DESBOCADA, ALVA E TERRÍVEL

Nosso pai voltava de Petrópolis com seis isopores com remédios americanos no dia em que nos mudávamos do hospital. Fomos direto para a casa da Silvia Sangirardi, astróloga, figurinista, melhor amiga da nossa mãe e mãe de uma galera de teatro que dormia trepada uma em cima da outra no seu quarto verde de ar-condicionado, cristais e TV ligada. Seu filho se chamava Diego, surfista, fora da galera. Muitas pessoas viviam no entra e não sai daquela casa da Silvia e do Antonio Pedro, que nos chamaram pra morar com eles quando tudo parecia ruir.

Rute e Silvia se amavam numa diferença
tão gigante de personalidade.
Tão sol e lua, manhã e noite.
Elas não se separariam jamais.
Porque por horas e horas

elas falavam de trânsito solar.
Porque a Silvia era sufocada
e a Rute professora de respiração.
Porque não tem porquês
pro tamanho da amizade daquelas
que se fantasiavam pra posar no chafariz
ainda pré-adolescentes.

Então o remédio americano contrabandeado começava a fazer efeitos ruins e, para além da diarreia com sangue no banheiro de mármore do gigante corredor da Silvia, os delírios começavam, as mãos tremiam, uma ansiedade química-industrial comandava minhas células, uma espécie de regressão ao estado bebê fazia com que eu chamasse minha mãe pra ficar comigo no banheiro, me dando a mão. E tudo girava em torno de cocô: o cocô tá com muco, o cocô tá mole, tudo que comeu saiu, inteiro, em pedaços, pastoso, líquido. O altar da mãe-Rute já havia sido feito na casa, tínhamos um quarto ao lado do da Silvia. Uma caixa de plástico de três andares era meu ateliê, cheia de contas, miçangas, fios, tecidos, pingentes. Minhas mãos comandavam todas as faltas de sentido até que em cada colar um sentido era montado: uma combinação de cores, formas, texturas, ritmos.

E Rute passava o dia numa reza de horas, daimokando que significa recitando: nam-myoho-renguê-kiô, nam-myoho-renguê-kyô, nam-myoho-renguê-kyô. Meu nome escrito num pedacinho de papel com a letra da minha mãe era sagradamente posto embaixo das frutas de oferenda que ficavam entre duas velas acesas na reza. Atrás das frutas, um receptáculo guardava as cinzas de centenas de incensos, todos de um formato maciço, sem vara de madeira por dentro.

O cheiro do incenso levantava nossa moral.
As cinzas eram guardadas para
serem destinadas a pessoas
que quisessem começar a daimokar, virar budista.
A música da reza da Rute sempre foi
de um animal em extinção
pedindo pra ficar no mundo
ou de um extraterrestre dizendo que quer chegar.
O daimoko dela era um som bizarro
com o qual aprendemos a conviver,
nossos amigos perguntando, a gente mesmo zuando,
há quem escute o som de uma marreca,
mas entendíamos o fluxo de água, a nascente do
rio: a maneira de distinguir as coisas e ir a um
estado em que a origem das coisas permeiam.

"Mãe, por que tô passando por isso? Por quê? Dói muito. E se eu morrer?" "Não existe nada além de respirar: vamos respirar o sopro da vela, me dá suas duas mãos, inspira, expira, só isso. Deixa que eu reze por você." E naquele quarto na casa da Silvia, ela rezava enquanto eu fazia colares entre o banheiro e o quarto.

Emergiu, como que num raio de sol, uma estudante em nossa mãe. Rutenga, como Silvia a chamava, começou com o livro *Imagens que curam*, então, além de respirarmos juntas, fazíamos esse exercício à noite: ela lia a parte dos intestinos serem lavados na beira de um rio cristalino, depois postos pra secar no sol de uma margem cheia de pedrinhas. Eram imagens que precisavam ser absorvidas pelo meu sistema num ritual diário.

Ficávamos outras boas horas no quarto da Silvia com pessoas que começavam a chegar depois das quatro da tarde, pois ela começava a acordar às duas. E ali Zezé, Miguel, Tuca, Mari, Clara, Bel, Ana, Pedro, João, Marieta, Alice, Scarlet, a turma do teatro de terror. Era ensaio, leitura de peça, prova de figurino, mapa astral. Nosso quarto, grudado no dela, era o quarto de figurino da casa. Existiam baús de fantasia. E a Silvia colecionava purpurinas: em vários pontos do apartamento tinham vidros antigos cheios de purpurina. Mas nosso quarto era também o quarto da Ana, filha do Antonio Pedro, mas também muito filha da Silvia. Ana era cantora lírica e ficava comigo madrugada adentro fazendo tiaras de cabelo, enquanto a Rute dormia cedo e a Silvia precisava ter conversas mais particulares.

Porque Silvia
desbocada, alva e terrível
com muitos sincericídios e cabelos
crespos vermelhos,
com seu nariz-atitude e faro único,
funcionava notívaga como um
bordel das almas perdidas
em que todos de alguma forma precisavam
relatar suas intimidades e ser atendidos por suas
orientações nada convencionais e ultralibertadoras.

Nossa mãe não tinha nada que ela tinha:
parecia muito complementar emburacar
num sorvete de chocolate,
falar palavrão, gastar dinheiro com bons vestidos,
vender todos os meus colares naquele

quarto, ter supervisão em cada criação,
emplacar os meus colares em figurinos da Globo,
fofocar com a Silvia sobre o quanto
nossa mãe era isso ou aquilo.
Pobre, miserável, comilona,
escondida, reprimida do caos.
Oprimida da beleza. Mas a gente
se divertia com a maldade.
É isso: foram vitais aquelas madrugadas
frias de ar-condicionado do quarto dela,
naquela casa que moramos um ano de uma
vida imensa com a madrinha do Pedro.

rito 51

SÃO OS HORRÍVEIS QUE DEPOIS A GENTE ACHA LINDO

Mas as histórias não têm fim e só começo. Dali, onde não podia tanta coisa, nem ir ao Pedro II que amava, nem comer chocolate, nem curtir uma praia, uma bicicleta, um skate, seis amigas de bobeira, pra tantos nãos, tive um sim imenso: fazer colar o dia inteiro, ouvir música e calcular quantas vezes o disco tocava até o colar terminar com as mãos muito ativas dentro do fazer. Nada me impedia disso.

Os remédios americanos davam efeitos cada vez piores, nem o intestino sossegava, nem a paz emocional tinha espaço com tanta química e enfim nossa mãe, adepta de diálogos abertos, resolveu fazer uma reunião com toda a família e alguns amigos na sala da Silvia e Antonio Pedro. O tema era que eu estava esfalecendo, perdendo quilos por dia, e ela pedia que ficássemos juntos, ela queria abrir, dividir. Na reunião estavam Thiago-irmão, Sergio-pai, vovó Rosinha, tia Inês, tia

Lucia, Sarah, Aschibel, Silvia, Antonio Pedro, Céia. Era horrível ver com doze anos que minha vida era um tema em questão; são os horríveis que depois a gente acha lindo.

Hoje vejo a beleza da Rute em abrir a roda.

Metade da reunião, Rute contava detalhes: diarreias, sangues, tonteiras, febres, delírios. Metade, outros resolviam dar ideias. Tudo num toque emergencial. Minha avó comunista-ucraniana pedia internação, meu pai queria me levar numa sumaúma; Aschibel e Sarah, acupunturistas, se comprometiam ali em começar uma agulhação diária, Lucia-tia pedia novos médicos; Inês dizia que renderia minha mãe em plantões. Silvia saía da reunião, Céia, a faxineira, dava um chamado na roda, dizia que ia começar uma reza entre os traficantes da sua família de valorização à vida. Rute anotava tudo num bloco com atenção. Dinheiro também era pauta. Rosa, nossa avó, também era, além de comunista, mesquinha, mas enfim ela dizia que se não houvesse outro jeito poderia pôr dinheiro no tratamento. Thiago se comprometia em passar todas as quartas comigo. Rute começava a chorar e pedia que eu passeasse com a Céia.

Era ótimo sair.
Céia me levava até a praia
e eu olhava pra ela com muita força.
Céia é negra,
aleijada por conta de uma paralisia infantil.
Mãe de traficante, vó de traficante,
moradora da Cidade de Deus.
Desbocada ou carregada de um vocabulário próprio

defensivo, em tom direto, sem papas na língua,
com uma das pernas finas,
com o corpo em inteira diagonal,
com seios enormes e fartos,
com olhar de quem não desperdiça nada.
Céia me falou:
“Um, você não vai morrer,
dois, ainda vamos rir muito,
três, eu vou morar com o Pedro quando for velha.
Mana, eu me chamo Céia, morô?!”

rito 52

E a gente ria loucamente, as três, sem outra solução

Silvia me chamou no seu quarto, minha mãe estava lá, as duas me olhavam forte. Rute sem me subestimar dizia: "Você vai ter que aprender a relativizar que sempre tem alguém com um problema mais grave do que o nosso." Ela falava isso olhando para mim e para Silvia. Uma pilha de exames ao lado da cama, a bandeja de prata estava com copos de água com açúcar e Silvia tinha lágrimas recém-secas. Rute não tinha outra opção que a permitisse não ser forte. A velocidade de acontecimentos ultrapassava curvas inimagináveis. Descobri que Silvia estava com câncer de medula aos quarenta e cinco, eu com um Crohn fudido aos doze, e a gente ria loucamente, as três, sem outra solução que não fosse passar o tempo uma com as outras fazendo colares, cheias de contas, miçangas, vitrilhos e purpurinas nessa história.

Silvia chorava e me pedia a mão.
Eu me sentia gigante de poder dar a mão a ela,
que se sentia gigante de poder dar a mão a mim.

E Rute no nosso meio já levando tudo para o lado prático: "Tá bom, gente, vamo parar de novela aqui, por favor, tá ótimo, câncer, Crohn, tudo isso vai fazer parte da nossa vida agora. Que que temos pra comer?", e começava aquela briga de quem atacou a comida da outra na geladeira: uma briga partidária, de uma comunidade perdida no início dos anos noventa, na praça General Osório.

E o Antonio Pedro entrava no quarto, lia três poemas do Manoel de Barros e era a primeira vez que a gente ouvia que "a elegância e o branco devem muito às garças".

* A HORAS DE DAIMURO DE RUT

* AS CONVERSAS TENHAM VA
M

* OS TERMOS DE RUTE;

* A INFILTRAÇÃO

* ESCOVAR DENTE FAZER PIPI
E O ESPÍRITO VINHA.

* A VIAGEM DE TREM PRA SÃO PAU

* SERGIO ME DÁ UM CIGARRINHO

* FAZER COLAR

* AS MUDANÇAS

* PERFUME DE MULHER

— O PRIMEIRO COCÔ COM SANGUE
— A VIAGEM DE RUTE COM NANÁ
— A INTERNAÇÃO
— A CASA DA CLARICE
— O COLAR DE ALFINETES

capítulo quatorze

DOENÇA

RITO 53

TIREM IMEDIATAMENTE, RASGUEM, PICOTEM, JOGUEM NO LIXO

Embora fossem situações dramáticas, eram também situações decisivas e segunda um novo médico aparecia, fruto da reunião de família, dr. Eduardo Lopes Pontes. Rute e Sergio me levavam a consulta com exames, bulas, remédios.

Eduardo rapidamente batia na mesa: “Esse remédio que vocês deram pra ela é proibido porque tem uma carga química grave. Se ela tomasse mais de um mês, poderia sofrer comprometimentos irreversíveis que não gosto nem de falar. Tirem imediatamente, rasguem, picotem, joguem no lixo. E vamos internar essa menina amanhã.”

“Mas a gente não quer que ela opere”, meus pais falaram juntos. “Vocês não podem mais querer nada. Agora é eu e Mana. Certo, Mana?” “Certo, Eduardo.”

Ele dava um tapinha na minha bunda e eu olhava lá nos olhos dele pra dizer "tá bom, tá bom". E Rute e Sergio saíam aliviados. "Até que enfim achamos um médico, esse cara é doce, tem olhar de cura e usa a maleta de médico de couro que foi do pai dele. Ele sabe conduzir", dizia Sergio-pai.

rito 54

A INTIMIDADE DE UM QUARTO DE HOSPITAL

Rute rezava, rezava, rezava. Me proibiram de comer, recebia nutrição intra sei lá o quê. Soros, cateter e muita cortisona invadiam meu ainda corpo. O plano era: vamos nutrir essa menina para ela poder operar. Pedro morava com nosso vô Bernardes e vinha depois da aula ficar com a gente – ele ganhava essa chance de morar com o nosso avô urbanista, arquiteto-humanista. Pedro chegava com problemas da escola e qualquer outro problema era uma saída da história: uma curva, uma fluente, uma nova visão.

O fato do meu irmão quase gêmeo ser muito forte fisicamente e grande e dos esportes me ajudava a enxergar uma ordem genética possível e, na mesma semana, no hospital, meu exame de idade óssea comprovava forte atraso. A intimidade de um quarto de hospital fazia com que eu reparasse mais na minha mãe pelada. Rute tem uma bacia quebrada, uma cicatriz que atravessa seu culote enorme e faz uma espécie de interrogação na sua bunda – uma bunda grande de dimensões ucranianas, da beleza e do borogodó. Minha magreza e dimensão na época não tinham a ver com a escala de nossa família.

Relativização.
Coletividade.
Cura.

rito 55

TEM NOÇÃO QUE CONTAR E SE ABRIR PODE SER A CURA DE TODA A SUA DOENÇA?

Ficar nós duas tanto tempo juntas era sobre outras coisas, sobre um tempo em que amadurecíamos um diálogo em que meus doze anos e os quarenta e três de Rute atravessavam um tempo sem idade.

O quarto do hospital dava pro Cristo. Rute penteava meu cabelo, depois passava alfazema da cabeça aos pés. Alfazema da Phebo, que tinha no meio do rótulo um adesivo verde com a imagem de uma moça de avental e uma cesta carregada de flores. Havia também um frasco branco – de nome Maravilha Curativa – com uma mulher mais mitológica cruzando os braços pro alto com um punhado de hamamelis em cada mão. Tudo na nossa vida era mesmo maravilha curativa: pra gargarejo, limpeza de pele, ferida, compressa nos olhos.

Então Rute, à noite, limpava o rosto com um algodão encharcado de Maravilha Curativa: nesse momento a gente começava a se abrir uma pra outra. Com todo sofrimento eu atravessava a chamada puberdade e iniciávamos pouco a pouco esses assuntos sobre prazer, entrega e os mil e um corpos que Rute acredita. Ela me dizia sobre o budismo, que o corpo doente é um corpo inerente a todo ser humano, e que em quase todo altar budista existem quatro flores representadas como flores metálicas douradas: nascer, adoecer, envelhecer e morrer. E ela me fazia dormir acesa. No dia seguinte, naquele mesmo quarto de hospital, íamos continuar aqueles ensinamentos com tanta embalagem de troca.

Acordar com ela, saber que tudo poderia ser dito e numa cama de hospital meu corpo esquálido precisava mesmo se libertar. Então pedi a ela que se deitasse do meu lado e comecei a relatar uma coisa muito dura que o Gustavo, filho de uma amiga dela, numas férias inteiras em Itacuruçá, fazia. Diariamente ele pedia que eu entrasse na rede junto dele, ele com doze, eu com cinco, e que ficássemos com metade da rede nos escondendo. Ali, naquela espécie de minhoca de tecido, ele dizia que tinha um pirulito no bolso, mas que pra eu ganhar esse pirulito teria que chupar o dele primeiro. E lembro do gosto estranho do pau dele, do gosto estranho dele ser filho de uma amiga da minha mãe, daquele gosto doce do pirulito de caracol colorido que ele ficava esfregando na minha cara depois e da minha cara de enorme culpa de sentir prazer, raiva e medo naquilo tudo.

"Nossa" era a palavra de Rute ao ouvir tudo aquilo, enquanto me dava a mão e chorávamos enlutadas processando esse fato juntas. Hoje a palavra abuso ocupa um espaço muito maior no vocabulário das gerações atuais, e isso me alivia. Tira um peso da minha geração para as próximas. Nesse minuto enquanto escrevo o gosto amargo retorna e uma enorme raiva nem com todo o tempo do mundo será digerida. A relação de autonomia entre mãe e filha estabelecida entre nós passa por um brilhantismo de nosso momento atual como mulheres, mas guarda sombras de um tempo de infância, formação e adolescência em que a autonomia não deveria ter sido tanto a palavra. E isso ainda estou digerindo.

Rute então questionou:
"Por que você nunca me contou?
Tem noção que contar e se abrir pode
ser a cura de toda a sua doença?"
Então ela não parou e engatou.
"Mana, você precisa saber:
Que sexo é a coisa mais gostosa do mundo
Que transar é muito bom
Que o corpo é inteiro prazer
Que tesão é a coisa que mais cura no mundo
Que se entregar a alguém é imenso.
Agora que você já me contou isso,
daqui pra frente você vai amar o seu corpo."

"Você já se masturbou?"
"Não, mas acho que sim..."

"Descobrir os canais de prazer do seu corpo é lindo. Bem-vinda à puberdade, tudo será curado em você, minha filha. Vamos libertar esses medos, essas culpas, estamos num ritual em pleno hospital, eu e você: então escuta, prazer cura tudo, todas as doenças vão embora."

rito 56

ABRAÇAMOS O INSTANTE SEM LUZ ELÉTRICA E RESOLUÇÕES OBJETIVAS

Um prazer sem culpa cobria o meu corpo,
o pano era verde, uma canga balinesa,
eu não tinha cor, mas minha mãe tinha uma cara
que tudo parecia ter ido, uma cara de não
saber mais o que fazer.

A mão dela estava sobre o meu corpo pelado,
meu corpo de lado tinha a espessura
de um corpo de barriga pra cima.
Ver essa imagem hoje é uma ostentação
de superação, o que passei nesse dia foi
uma pequena morte,
um sufocamento súbito
em que pedi pra me despedir.

Doze pra treze anos: ordenei que meu pai viesse, ele disse que a cidade estava parada e que ele levaria três horas de Vargem Grande ao hospital. Disse a ele que a hora que chegasse estava bom.

E ele chegou como entrava sempre:
com o pé direito,
com uma quantidade de
afeto na dimensão
de um não tamanho.

Estava ali em oração, pedi que os dois lavassem as mãos, apagassem as luzes do quarto e não deixassem que nenhuma enfermeira entrasse. "Vocês vão me rezar juntos. Quero agradecer por vocês terem me feito, quero que vocês me tragam luz pra continuar nessa hora." Meu pai começou a trazer uma força dourada pra dentro da minha barriga. E as mãos dele, mesmo a um metro de distância, me esquentavam e todo meu corpo recebia luz. Ele criava uma reza, depois e ao mesmo tempo Rute dizia o quanto me queria. Os dois juntaram as quatro mãos evocando cura na minha barriga.

O quarto escuro do hospital afastou
todo tipo de doença que
o próprio hospital
evoca – luz fria, apitos,
entradas súbitas de pessoas no quarto,
comidas de plástico.

Naquele instante estávamos os três na mais perfeita harmonia e comunhão. Foi muito forte. Decidimos na trama da nossa existência sermos gratos. Abraçamos o instante sem luz elétrica e resoluções objetivas, fomos no mais subjetivo do nosso encontro. Nós três queríamos a paz da saúde tão necessária para continuar. Essa trama apertada não era só minha; vivíamos cada um dentro dessa história um ponto de revolução: minha mãe precisava ter uma filha passando por isso pra recodificar a relação dela comigo, já que sua mãe a torturava, e a relação delas era de um aperto imenso. Sergio-pai tinha um caos encrustado na potência criativa dele e agora era a chance de ganhar dinheiro, pagar essas contas altas de hospital, lançar seus filmes. Pedro tinha uma doçura acumulada pra botar no mundo, era uma criança que sempre queria mais e agora tinha que ser acolhido nesse limite. Já quem fala aqui – numa experiência com a morte numa idade dessas – deixava de ser tão séria como uma avó-criança e começava a aprender a brincar com o ar das coisas.

TRÁFICO 

SEPARAÇÃO

ACIDENTE: CAXAMB

~~[illegible]~~ * PERI

DOENÇA

* PÓS DOEN

* ATUALIZAÇ

RES CONV

ELA ME DEU. E

NOS CONES ESMALT

~~DOURADA~~ UM AZU

INHO 

E COMO O AZUL DAS

ICAS ESSA PULSEIR

EM MOMENTOS DA

A FORÇA EXAME

TATAR

TA NOSSA

capítulo quinze

ancestralidade das mulheres ucranianas

rito 57

farta realidade do mundo todo e seu fenômeno ancestral

Depois de um ano na Silvia, a obra da Peri não estava pronta. Eu não estava curada e a leucemia da Silvia pedia mais recolhimento na casa. Então minha avó materna, vovó Rosinha, ofereceu de ficarmos no apartamento dela, já que ficava muito em São Paulo com a Rebeka, nossa bisa.

Mudamos para a avenida Atlântica: talvez o edifício mais velho e pobre da Atlântica. Sem garagem, dos anos vinte, em cima do restaurante Fiorentina, meu quarto dava para o mar e o Leme é o Leme. Onde a avenida Atlântica é sem saída. Onde o morro da Babilônia é instaurado. Onde o farol é mais frontal e as rotas dos navios se cruzam chegando da Baía de Guanabara. Então entre um cocô e outro eu tinha o mar: o mar pra ver, o mar pra conversar.

Não demorou nem um mês pra que vovó Rosinha anunciasse que voltaria com a bisa pro Rio. Minha bisa com noventa e dois anos tinha acabado de ter seu Fusca roubado na saída da natação em Higienópolis e ainda quebrara o braço. Mas elas não vinham porque a Rosinha queria. Rebeka não fazia nada que não fosse de própria vontade. E o telefone tocou. Com a voz terna de sotaque ucraniano, bisa me diz: "Manuska, estou indo, sei já que você tá doente. Vou cuidar de você."

Nossa temporada – minha e da Rute sozinhas naquele apartamento da vovó – era neurótica e continuamente atrelada a diversos telefonemas da Rosinha achando que podíamos estar estragando suas coisas, dando recomendações repetitivas de cuidados com os objetos, não com a gente. E na sequência de poucos dias ouço a voz aguda da Rosinha: "Venham ajudar no elevador."

Rebeka estava atrás de seu tear.
Malas, mais malas, mais malas
e aquela traquitana de madeira e fios, pentes e trama.
E uma bolsa velha de tecido brim
carregada de linhas, lãs, agulhas,
bastidores, retalhos.
O cheiro da bisa, finalmente.

Aquele olhar livre dela me atravessava desde o elevador.

Eu peguei o saco de novelos e ela me olhou:
"Aí tá a minha vida. Vamos até o calçadão."
E antes de mais nada raptamos uma a outra.
Ela só se vestia de roupas que ela mesma fazia
e entre os tecidos e sua pele ficava
um colar de pérolas que ia até os
joelhos como um móvel de seu corpo.
"Bisa, por que você não tira esse colar?"

Porque esse colar é a sua mãe, esse colar é a Rute.
Encomendei essa pérola quando
soube que ela ia nascer,
minha primeira neta.
O joalheiro fez o fecho que pudesse virar anel:
é esmeralda e brilhante.
E um pouco antes de morrer entrego
pra sua mãe, e quando você
fizer quinze anos vai ser seu.

Pérola precisa do corpo.
Pérola é um ser vivo.
Organismo a organismo.

Ela usava um andador, já tinha passado da fase das bengalas para as muletas. Sua cara dizia tudo, todas as suas rugas uma a uma como afluentes, canais e córregos entre sua fala. E cada passo era um momento entre nós duas e o limite do corpo – nascer, adoecer, envelhecer e morrer, como diz no budismo. Ela dizia "vou cuidar de você" e ela sofria para dar mais um passo.

Agora éramos quatro gerações sob o mesmo teto. Nessa casa, bisneta, neta e filha, era eu. Neta, filha e mãe, minha mãe. Filha, mãe e vó, a Rosinha. Mãe, avó e bisavó, a Rebeka. Imagina a quantidade de combinações matemáticas e equações, cruzamentos e intercessões: problemas e soluções possíveis e impossíveis entre essa farta realidade do mundo todo e seu fenômeno ancestral. Bisavó, avó e mãe, mas também frágil. Avó, mãe e filha, mas também chata. Mãe, filha e neta, mas também dura. Filha, neta e bisneta, mas também doente.

Que dádiva, nossas sombras se revelam, e não velamos o caos de existir. A neurose fatal geradora de uma doença contínua passada de geração a geração agora num apartamento só. Família. Qual será a origem epistemológica dessa não lógica? O fato é que era preciso atravessar o momento que não tínhamos mais casa. O momento em que eu estava agudamente doente esperando para ser operada. O momento em que nossa bisa levava o primeiro declínio grave das dores do envelhecimento. O momento em que Rosinha, acostumada com sua exímia solidão, tinha que receber todas nós e tudo isso. O momento em que Rute, uma mulher de quarenta e três anos, sereia-louca, vivia o excesso de perder suas íntimas dores para essas outras. Seus espaços pessoais para gestão dessa coisa toda.

rito 58

PÁSCOA É FERTILIDADE

Os surtos psicóticos do pai e da irmã da minha mãe circundavam a órbita de nosso cotidiano. De mês em mês alguém entrava em colapso psiquiátrico. O estado do dinheiro era outra falta de vértebra. Não tinha. Tinha. Não tinha. Tinha. Era motivo de medo, ameaça, até morte: nosso bisavô, pai da Rosinha, se matou porque sua fábrica de malas, Malas Casoy, faliu – o contador sonegou. A malha fina pegou. A dívida. A falta de confiança gerou essa morte do nosso patriarca. Quanta loucura enredada, emaranhada nessa perdição chamada passado.

Vovô Maurício, que surtava, também tinha usado o barco dado por Rosinha para fugir e passear com uma mulher do grupo de amigos e de repente ela não teve mais nosso avô, nem o barco. E nossa família materna era uma célula de mulheres todas separadas, com ex-maridos alcoólatras, confusos e de pouca responsabilidade.

As sombras espalham imagens na calada da noite que mais pareciam fantasmas e o mar do Leme ouvido do quarto que me deram pra ocupar. O mar do Leme quando o último cliente do bar de baixo saía bêbado cantando coisas loucas entre os amigos. O mar do Leme faz um som que todos podemos não sucumbir: porque a maré devolve pra areia e a areia devolve pra maré até o dia nascer e ser o oposto do bar bêbado pra ser as pessoas correndo suadas com malhas coloridas no calçadão do Burle Marx. Burle Marx, esse sim, um homem que todas nós da família idolatrávamos. Nossa família tinha, sim, uma doutrina, um eixo regulador: idolatrar cultura, viver entre museus e concertos. Entre tudo, não faltava isso.

> Toda doença da neurose da Rosinha ficava de fora,
> sua marca era a saúde da presença
> em ser nossa guia cultural.

Minha avó não tinha muitas roupas, então um paletó azul-cobalto com ombreiras e um batom vermelho iam na frente, sem passar pela roleta, no 472 até o Centro, bater perna nos museus. Bater perna seria um termo inadmissível para a metamorfose que Rosinha passava entre os quadros enquanto gostava até arder do Tunga. Ela perseguia os artistas, ia nas aberturas, dava opiniões concretas. Se envolvia emocionalmente com as obras mais do que com a gente. Tudo girava em torno do circuito semanal de shows, concertos, exposições, festivais. E fora o paletó azul, ela tinha dois vestidos estampados, um deles com um fundo rosa-magenta mais puxado para o lilás e umas flores tipo aquarela azuis e pretas, o tecido crepe amassado. Sapatos eram dois ortopédicos nos seus pés enormes. Atrás de tudo que ela fazia existia uma anarquia. Não tinha sobremesa. Nem presente de Natal. Nem Páscoa. Mas um único dia ela disse que entrou nas Lojas Americanas, que estava carregada de ovos e coelhinhos, e sentiu os netos e os capitalismos, e resolveu por fim comprar uma caixa de Bis.

Então era sábado, aqueles sábados de almoço no Leme, nenhuma logomarca podia aparecer na mesa, as coisas possuíam muito valor, eram cuidadas. Uma estética-ética: as coisas moravam fazia muito tempo em lugares fixos na casa. Em cima da cômoda, vidros transparentes de um laboratório com funis, ampulhetas, frascos de dosagem comprados num antiquário na Áustria. Na parede acima, um pôster do Miró enquadrado. Berta Ribeiro sempre vinha almoçar com a gente e nos mandava presentes de Natal. A antropologia da Berta mudou nossas vidas. Conviver com ela, seu compromisso com o povo indígena e o dicionário que ela passou tantos anos fazendo, principal norte de tudo que construo. Dicionário de artesanato indígena: tramas, fios, plumagens, cordas, nós, tecelagens, cerâmicas, vasos, panelas, representações.

> Essas rodas de conversa em volta da mesa
> da casa da vovó Rosinha nos formavam.

Era ridículo não ter sobremesa na época, a gente xingava nossa avó mesquinha. Havia sempre um momento em que ela montava a máquina de fazer suco de laranja dizendo "sobremesa é suco de laranja". Nesse dia, ela disse que tinha uma surpresa: abriu a guarda e o corpo, e naquela tigela rosa-choque de acrílico de todo sábado, dessa vez vinte e quatro Bis surgiam soltos em revoada na enorme saladeira.

Nossos olhos doces de neto saltaram.
E vovó Rosinha falou:
“Esperem, preciso contar que,
como estamos na Páscoa,
isso são espermatozoides.
Bis são os espermatozoides dos ovos, dos chocolates.
Páscoa é fertilidade e muito melhor, para
nós humanos, espermatozoides do que
ovos. Por isso, eu que nunca me abri ao
capitalismo, cedo por esse chamado.”

Nossa única Páscoa achocolatada com Rosinha foi essa.

rito 59

EXISTE UM MANIFESTO SOBRE CAOS E SOBREVIVÊNCIA

Do Leme eu saí direto para o hospital operar. Lembro dos dias que antecederam: tudo com um tom de que eu poderia morrer nessa cirurgia. Dormi na casa do meu pai de mãos dadas com ele. Acordava às vezes para olhá-lo como se fosse a última vez. Ele, em vigília, não pregava os olhos de amor. Sinto meu pai: nossa paixão, chão e céu estão com todos os direitos reservados de por que viemos pai e filha.

Aos treze anos, de volta ao Leme, olhava pro mar como se fossem os últimos dias. Chorava com cada navio que passava diante da Atlântica. Minha mãe rezava oito, dez horas direto, e quando me via absolutamente triste, ela dava uma corda como se eu fosse uma boneca: coragem. Aí botava um samba, “levanta, sacode a poeira e dá a volta por cima”. E ela dizia para eu agradecer que tinha mãe, teto e comida. No fundo, era duro demais pra minha mãe fazer contato com a minha dor, interpreto.

Mas sem interpretação, ela me jogava
pra vida. E esse jogar tem um peso.

A casa-apartamento do Leme continuava
com as quatro gerações:
Rebeka com noventa e dois anos ardia de dor,
nudista com os ossos estalando e seu colar de pérolas
em brilho permanente sobre a pele rugosa
começava três horas antes a se arrumar para cirurgia.
Rosinha neurótica culta brigava
alto e agudo, em iídiche,
dizendo que Rebeka não ia.
Rute rezava até o último minuto-segundo presente
o mantra: nam-myoho-renguê-kyô.
Sergio subia,
eu olhava pra ele em sua altura pedestal
e meus olhos escalavam trêmulos
todos os limites de ter e não ter.

No carro a caminho do hospital estavam:
a bisa, que quase não andava e demorava
em cada passo a reflexão da vida,
Rosinha em agudos,
Rute respirando, mandando eu
respirar, e eu com falta de ar.
Sergio-pai dizendo que ia me levar
a uma praia linda a fim de
catarmos conchas depois da cirurgia.

A falta de ar tinha a ver com a quantidade
de medicamento, com a pressão
emocional de não saber
a vida como possibilidade.

No hospital havia muito mais gente:
parecia um time de futebol,
goleiros, centroavantes, atacantes, laterais.
Primos, Mariana, minha madrinha,
Pedro, Davi, o Mico-preto.
Mas meu olhar fixou no Thiago-irmão.
E Rute-mãe falou:
“Thiago vai te salvar pra você entrar
respirando bem nessa mesa de cirurgia,
ele toca saxofone, sabe soltar o ar.”
Thiago pegou minha mão e botou
o rosto bem perto do meu.
Soltava o ar dele lenta e gradativamente
até fixar ritmo e compasso –
ali senti que respiração é musical.

Aquele auê no hospital não eliminava o drama: o caos também é muito a própria vida. Existe um manifesto sobre caos e sobre vivência, sobre caos como a origem das coisas, caos como a maneira como os continentes se formaram. E como fui salva pela humanidade do caos, não apenas desse caos da pré-entrada da cirurgia, mas também das questões psiquiátricas, das drogadições, da desorganização com as contas, da falta de horário pra comer. Só existe uma opção: viver.

Rebeka, nossa bisa, dirigia em alta velocidade seu fusca na Dutra quase toda semana e dizia sempre: "Meu sonho é morrer na direção em alta velocidade entre o Rio e São Paulo." O maior título de exibição dela – que saiu da primeira guerra de um campo de concentração com dezoito anos, sendo a única responsável por três irmãos, fugindo num bagageiro de navio da Ucrânia para a Argentina – era ter sido a primeira carta de direção feminina do Brasil e de ter usado calça desde quando era feio, e duas peças antes de chamar biquíni. Mariana conta que no dia da cirurgia, que durou sete horas, Rebeka dizia fazer questão de me ver saindo do centro cirúrgico, de me olhar. Na hora que passei, todos correram pra cima da maca, e Mari lembrou do lema "meu sonho é morrer na estrada em alta velocidade". Então Mari pilotou a cadeira de rodas em alta velocidade com ela pelos corredores do hospital, até que ela pudesse me ver de verdade.

Acordei toda aparelhada, com uma coceira infernal, numa UTI sozinha, numa crise infantil de choro: eu dizia quero viver, quero viver. Assim como as pessoas reconhecem o que os cachorros e os gatos querem falar, o choro fala. É preciso regredir ao choro primordial para a expressão mais pura – menos palavra. Porque palavra é um suporte expressivo. Mas era muito intenso o choro. Não sabia se iam romper os pontos e tudo coçava e tinha treze, treze anos, e doía não saber se tinham conseguido me salvar e queria as mãos da bisa, da minha bisavó, que tocava sempre nas minhas para dizer: "Tenha calos, mão boa é mão de quem trabalha com as mãos, com certa aspereza de resistência." Olhava a vida inteira começo, meio, aquela família que vim e um não fim.

Sozinha na UTI sem saber como chamar alguém para matar minha sede, tirar minha coceira, me dizer que deu certo. Que eu ia viver. E qual era o tamanho da cicatriz. Ninguém me contou por tempo suficiente para que eu fechasse os olhos e pudesse me imaginar adulta numa praia paradisíaca, entre nuvem e mar numa só maré, entre grãos de areia-pérola acolchoantes, vestida de nada mais que a própria vida.

A primeira pessoa que entrou na UTI foi um residente novinho que acompanhou a cirurgia. Ele devia ter vinte e um anos e atravessamos a noite inteira com ele passando levemente algodão molhado pra me coçar de maneira suave, a fim de tirar a sensação de coceira. Aquelas mãos dele com tanto cuidado e carinho para que eu não sofresse pareceram me cuidar por horas, até que eu me apaixonasse, me sentisse viva e que nada interromperia a vida mais, nunca mais.

rito 60

me imaginava grande

No dia seguinte eram ferros e
tubos, oxigênio de garrafa.
No dia seguinte eram termômetros e calafrios.
O curativo da cicatriz no dia seguinte eram apitos,
horários de sono interrompido,
invasão de enfermeiros.
No dia seguinte alguém botou no alto de
uma ferragem em frente aos meus olhos
um par de sapatos de salto de verniz vermelho
e me disseram que era enviado por minha madrinha.
Meu primeiro salto chegou na UTI.
O arquétipo do sapatinho de cristal,
da Cinderela, de não sei qual
história, fábula, conto de fadas ou mito me invadiu.

E tinha o direito de fechar os olhos
e me imaginar numa festa linda, num
baile com um vestido preto,
aquele salto de boneca, com presilha do
lado com jeito de época de ouro,
de Elvis Presley, de Titanic.
Não me via de outro jeito que não fosse
curada e linda, me imaginava além
daquela cicatriz, além
daquele corpo doente, magro, esquálido,
pequeno e já com traumas de tantas dores.
Me imaginava grande
numa praia
ou andando de patins
usando shorts curtos
surfando
nos braços de um homem tesudo.

rito 67

dessa estrutura dorsalmente bélica e das costuras que pude fazer

Não lembro da minha mãe na UTI, não consigo lembrar. Ela garante que foi e me viu acordar da cirurgia. Lembro da vovó Rosinha sentada ao meu lado, nada carinhosa, mas talvez em um dos raros momentos de ternura dela vindo humanizar em minha direção. Ou da própria doença que me atravessou para humanizar nossa trama familiar toda. Definitivamente humanizou sim. E nessa UTI sozinha olhando pra dureza da minha avó se dissolver ao me ver tão aparelhada, senti espelhada nos olhos dela uma chance única de encararmos uma a outra com compreensão – e aí nasceu a percepção mais dorsal de nossas relações.

Minha mãe e minha avó nunca se deram, minha avó e minha bisavó gritavam a vida toda uma com a outra. Brigas pesadas, neuróticas, aflitas. Uma vez minha mãe me contou que era tão pesado na adolescência dela a voz da minha avó dizendo que ela não ia conseguir ser médica e o sonho da vida da minha mãe de ser médica foi sendo esmagado por um circuito de vibração opressora. De tom opressor.

Lembrei da história de quando nasci. Minha mãe me contou que ligou pra minha avó pra avisar que eu tinha nascido, e minha avó atendeu dizendo "se for pra eu pagar a conta do parto já vou logo avisando que não vou pagar".

E lembrei da minha bisavó dizendo que quando minha mãe tinha três meses de idade, minha avó resolveu sair de férias por três meses com o vovô Mauricio pra Europa de navio. E que quando voltou, no porto, a bisa levava minha mãe no colo para recebê-los, e ela não reconheceu a própria filha.

Lembro da Rute-mãe me contando da Rosinha gritando com ela: "Você só veio aqui por causa do meu dinheiro." E minha mãe respondendo – aí eu preciso incluir o maravilhosamente respondendo: "Você não tem nada mais interessante pra me oferecer."

> Enfim houve uma quebra de padrão
> dessa estrutura dorsalmente bélica.
> Eu e Rute somos a primeira geração
> que não é sufocada em suas potências.

Agora que parei sobre papel, lápis e esses sentimentos, pude me deixar atravessar pelos significados da abertura da minha barriga e das costuras que pude fazer lá e hoje em relação aos ventres anteriores em que fui carregada.

Agradeço profunda e sinceramente minha mãe independentemente de toda escassez, dureza, o que for. Vim dela e quando ela vacila, oscila, deprime, falha, olho pra ela com olhos humanos e perdoo minha mãe, acolho minha mãe, ofereço minha própria vida e tudo que faço à minha mãe.

Por ela ter me tido.
Por ela não ter me tirado em meio a tanto caos,
por ela ter aceitado o meu pai como pai,
por ela não ter subestimado meu poder de cura.

rito 62

de não sucumbir à própria história

Então tenho treze anos e estou toda amarrada sem ter visto ainda o tamanho da minha cicatriz. Mas tenho minha avó ao meu lado, uma mulher louca, neurótica e profunda que nesse momento apenas me olhava, segurava atentamente minha mão e chorava ao me ver. Pedi que soltassem minha máscara de oxigênio pra dizer à ela: "Vou me curar, vó, eu te amo, obrigada por ser nossa matriarca, só existo porque você existe."

Foram muitos dias sem beber uma gota de água, sem comer, sem poder falar, então cada palavra tinha que ser escolhida, dava trabalho falar tamanha a delicadeza da condição física. Mas na minha cabeça elaborava o amor por estar viva e a vontade de fazer dessa geração de mãe e filha uma chance de potência para a realização da paz. A paz já é por si uma grande realização.

Minha avó vinha todo dia ao meio-dia, sentava ao meu lado numa cadeira e me dava a mão. Às vezes, pedia que ela coçasse meu corpo. Era importante colocar Rosinha numa função de delicadeza e afeto. Às vezes olhava pra ela e ela me olhava, e pedia que me contasse dos filmes que havia visto na semana. Ela demorava um tempo preciso para descrever cada filme, os detalhes do diretor, da fotografia, da paisagem, dos atores, dos figurinos, do jeito da câmera, do roteiro. Minha avó entrava dentro dos filmes, de repente ela saía do próprio corpo, e entrava na história dos filmes, na cabeça do diretor. Ela tinha um respeito pela trajetória autoral de cada artista. E fazia o alicerce das divindades assim: indo ao cinema várias vezes por semana.

A UTI foi um lugar de ver minha avó Rosinha, de ser neta, filha e mãe antes mesmo de ser, por ser responsável em assumir a vida desde cedo. A vida matéria humana, física de atravessar, de não morrer, de não sucumbir à própria história que estavam me oferecendo.

Foi horrível ver minha cicatriz: horrível, horrível, horrível. Foi no quarto, na primeira vez que sentei numa privada e fiz meu primeiro cocô depois da cirurgia: meu intestino tinha sido inteiro recosturado. Vísceras, músculo. A primeira sensação de que aquele corte que atravessava o meio do meu corpo ia permanecer até o fim da minha vida. Chorei muito sentada na privada de mãos dadas com minha mãe. Nosso quarto do hospital tinha um aparelhinho de som. E toda essa internação foi acompanhada por um disco que tocava sempre o canto das baleias pra me ajudar a passar por esse momento. Nessa hora eu chorava e as baleias gemiam.

"Muita dor, mãe, por que estou passando por isso?" "Vamos arrancar esse esparadrapo e ver logo esses pontos como estão cicatrizando. Vou pegar um óleo de rosa mosqueta, que já pesquisei, que é o melhor pra cicatrização. Tá bom? Você tá passando por isso pra ser um valor, um exemplo." Choramos juntas. E ela já veio com aquele papo: "Agradece que você tá num hospital particular, que você tem uma mãe maravilhosa ao seu lado. Agradece que deu certo a operação, que você tá viva, agradece esse som de baleia gemendo, a gente juntas." O som quem tinha me dado foi o Shoë, um grande amigo japonês de família paterna coreana, que ia sempre ao hospital. Ele levava caldos curativos de inhame, tinha um restaurante japonês minúsculo no Rio e saiu jovem sozinho do Japão pra viver aqui. Nossa família tinha virado a dele.

"Mãe, não consigo dormir. Me dá qualquer remédio." Tomei Dormonid e entrei numa quantidade de delírios madrugada adentro, de medos, sombras, monstros, dores. "Mãe, tô vendo tudo se mexer, tem um abismo aqui, agora. Vou cair, mãe, mãe, mãe." "Respira, Mana. É só respirar, mais nada. Dá a mãozinha. Estamos aqui juntas: tem uma história de sabedoria Sufi que é enorme, mas no fim diz que dentro do anel do rei tem escrito que a sabedoria é reconhecer que tudo passa."

Nesse momento agradeci não aquele bando de coisas que minha mãe mandava. Agradeci mais uma vez sermos a primeira geração de tantas da nossa família a conseguir se relacionar com todas essas letras de laço, de acionar uma a outra. E aí comecei a ir mais longe no tema de que estamos nessa existência como mãe e filha libertando as gerações passadas que não conseguiram se entender. As futuras virão como fruto de nossa forma de conduzir.

E lembrei daquela pulseira da bisa de esmalte, ouro e pérolas, que um dia em nossas intermináveis conversas antes da cirurgia ela me deu. Os pequenos cones da pulseira são esmaltados de um azul-cobalto quase marinho, exatamente como o azul das canetas esferográficas. Essa pulseira me protege e a uso em momentos da vida que preciso dessa força, exatamente dessa força, da Ita, nossa tataravó, que teve que se prostituir na Ucrânia na primeira guerra. E daqui, do lugar de tetraneta, sigo com orgulho pra quem elogia a pulseira: "Era da minha tataravó, que foi prostituta na Ucrânia." Tenho tanto amor por essa mulher e tanto orgulho de dizer que essa joia foi a única coisa que ela deixou. E sinto um profundo encaixe das forças arquetípicas femininas em ter no meu sangue a proeza da mulher que se prostituiu pra dar o que comer na guerra aos seus filhos e sinto o frio, sinto os soldados que ela recebia.

Do outro lado sinto Rebeka com uma mágoa intolerável da cena que viu, por conta do olhar de defesa em relação ao seu próprio pai – nossa bisavó nunca perdoou sua mãe. Ela mal conseguia falar dela, tinha raiva, desaforo em completar cada frase falada, mas me deu essa pulseira e carreguei esse perdão e essa joia com toda essa raiva atravessada no centro do meu corpo.

Essa raiva entre minha bisavó Rebeka e minha tataravó Ita como doença no corpo doído, nos intestinos presos, nos ossos estalando, nos gritos de dor que ouvia de minha bisa. Essa raiva de quando minha avó não reconhecia sua mãe, Rebeka, como uma mulher fabulosa e levantava a voz pra discordar com uma voz embargada de um agudo-insensatez. A raiva ainda da minha bisa com sua filha Rosa, por ser tão ingrata a tudo que recebeu de bens, tendo uma mãe que passou fome, que veio da guerra. A raiva da minha avó Rosa em ser herdeira e dizer para as filhas que elas não iriam conseguir ser médicas, nem profissionais. Toda a manipulação emocional com dinheiro.

E a raiva chegou ao meu corpo, no corpo da minha relação com minha mãe, no corpo que abriga a paixão pelas mãos, fala e olhar do meu pai e não olha para ela. Na raiva da minha mãe ser alternativa, esculhambada e escassa. De gritar tanto com nosso pai ao telefone, de expor tanto a gente a coisas profundamente adultas. De reclamar e ter uma frustração. Passei por todas essas raivas, mas, como era criança ainda, quando fiquei doente elas travaram em meu corpo.

Aprendi que a palavra doente vem do radical "do" de "dentro", e "ente" de "ser". E dentro do meu ser estou tendo a chance de manipular a cura emocional desses remorsos, dessas frustrações.

Rito 63

MINHA MÃE NÃO GOSTA DA PALAVRA AMOR

Caminho trazendo em mim novos remorsos e novas frustrações e aí me pergunto hoje, com trinta e seis anos, com cicatriz ou sem cicatriz, com trompas aderidas ou sem trompas aderidas, por que raios não estou escrevendo esse livro grávida, se foi tudo calculado, se já tinha feito duas fertilizações e obviamente na terceira ia fixar o ovinho no útero. A relação entre o título *Ritos do nascer ao parir* ia ser literal: a minha presença grávida no lançamento. Mas a vida se revela diferente da imagem que projetamos.

E isso posso dizer no plural.
Na rede.
Na trama.
Nos nós, emaranhados.
E na teia perfeita.

Precisei escrever esse livro sobre o efeito humano de questionar minhas próprias frustrações. Fiz o teste genético dos embriões, que estavam saudáveis e fortes. Dois meses depois, perdi a terceira fertilização. Todo meu cálculo de escrever grávida esse livro, como uma obra pro meu filho ou filha, falhou.

E tive que escrever não grávida sobre o efeito da raiva e da frustração: não imaginava que frustração pudesse ter esse efeito catalisador. E mais uma vez enalteço minha mãe como uma deusa. Quero lhe ofertar oferendas, porque foi Rute que, no auge de minha raiva legítima, meu choro e meu sentimento total ao telefonar para ela e dizer com todas as letras "estou me sentindo frustrada" – essa é a palavra –, ela respondeu: "Que bom que você tá frustrada, ninguém vira humano de verdade se não tiver passado por essa sensação." E continuou... Mesmo que eu já tenha escrito a mesma ideia antes, faço questão que esteja duas vezes aqui: "A frustração é o que mais pode nos fazer humanos."

E assim com essa fala, com essa relação pontual e construída, continuo aqui letra por letra humanizando as coisas. E vejo pouco minha mãe, nos falamos todos os dias, mas deve ter um mês que não nos vemos. Não tenho o menor controle sobre a vida dela e ela não tem o menor controle sobre a minha vida. Temos cuidado.

> Temos amor, apesar de ser uma palavra
> que eu use plenamente e ela não goste.

Minha mãe não gosta da palavra amor: ela diz que em nome do amor já se fez muita guerra na humanidade. Ela gosta da palavra vínculo. Eu amo a palavra amor porque minha tia Christiana, que também é minha mãe, me ensinou que entre a vidAMORte, o amor é o centro.

Todo o processo da vida e do livro é um enorme aprendizado. Quando encosto a caneta no papel, as coisas vêm. Não penso, só me entrego. Mas as coisas vêm porque converso muito com minha mãe. E porque sonho: essa noite, meu pai veio. O tamanho, a cor, o cheiro, o jeito de abaixar a cabeça pra olhar, a camisa de linho puro dobrada até o antebraço, abotoada e entreaberta. A voz, o jeito como saem as palavras pela boca, pelo pensamento, pelo estado lírico, espiritual, profundo e amoroso, esse sim não tinha nenhuma questão com a palavra amor. Era amor e pronto.

> Da cabeça aos pés
> Dos pés à cabeça.
> Em todas as línguas.

Por isso que não escrevo um livro sobre ele. Escrevo sobre mim e Rute, que é denso, quem sabe poético. Não sei se meu pai escolheu minha mãe ou minha mãe escolheu meu pai. Tendo a achar que meu pai escolheu minha mãe porque ele contava sentado naquela mesa no centro do terreno ou em qualquer lugar: "Foi na piscina do palácio do Parque Lage, ela estava numa margem, eu em outra, quando fui chegando perto, fui vendo que ela parecia a Vênus." Ele sabia contar desse jeito.

Ela sabia dizer: "Quero logo que você saiba que nunca me apaixonei pelo seu pai, foi um encontro, você veio de um encontro que aconteceu."

> Tive que lidar com essa contratura
> entre um senso absoluto de realidade
> e um homem que nunca respirou sem paixão.

Contudo, o sonho era antes de mais nada uma mistura de encontro com paixão. Essa noite, quando estive com meu pai, nos olhamos, e ele se encontra muito mais pacífico. Sergio-pai vem e acolhe minha alma e me lembra do seu cheiro, da consistência e do peso de suas mãos e do seu olhar. Umas doze vezes ele já veio. Dessa vez tentei perguntar algumas coisas sobre a Lola, sobre o Marcelo, sobre a gravidez, não consegui. Ele disse: "Só vim te falar sobre o José, não deixa ele repetir na escola de novo." José é meu irmão e um pouco filho, que tinha três anos quando nosso pai se foi.

Engraçado que no sonho ele me buscava na saída de uma aula de dança, e tem tempo que não danço, só faço ioga, ioga, ioga. Acordei pensando sobre como incluir os homens no feminismo.

Rito 64

Como acolhemos as avós?

Nesse momento tenho tido um sentimento profundo de que minha atualização com o feminismo é fazer esse livro para a minha mãe, ela é minha protagonista agora, e essa é a forma que tenho de atualizar o feminismo dentro de mim. E tantas atualizações estou fazendo pra trazer a mulher à frente no tempo e espaço.

Fiquei pensando sobre por que não falo mais do meu pai ou do Marcelo no livro. É necessário deixar os homens de lado um pouco, até porque já nos ultraocupamos com eles. Para gerar novos significados da nossa relação com o homem, precisamos desse espaço entre nós mulheres. Quando esse homem entrar vai ser inteiro.

> Estamos abrindo no gerúndio
> e no plural espaço pro homem entrar.
> Entrar não é invadir.

Entrar é ser convidado.
Quero a relação: mais que o homem ou a mulher.
Desenhar essa relação
Tecer essa relação
Fios duros
Fios pesados
Fios metálicos e construídos das fibras
plantadas ou das pelugens dos animais.
Quero todos os fios
E filhos que somos
E os pais que seremos
Serenos ou não.

O fato é que estou nessa atualização vendo raivas entre mães e filhas de tantas gerações na minha família e mesmo que uma onda de serenidade esteja em pleno nascimento, o parto de uma mulher - por onde todos os homens passaram - envolve berros, contrações, contradições, dor, placenta, sangue. E se tivermos sabedoria, prazer e autoamor para enxergarmos todo o nosso processo frente, trás, cima, baixo, verso e amarmos umas as outras com coragem e compreensão, deixaremos nascer apoio mútuo para seguir com a representatividade de nosso papel.

Nossa humanidade foi muito massacrada pelo sistema patriarcal, estamos assumindo a mátria dando carinho às nossas feridas, até que séculos pra frente possa existir uma palavra entre pátria e mátria como mistura de gêneros em comum acordo.

Outro assunto que evoco é o geracional, que não é de gênero, mas de geração. Como acolhemos as avós? Que não necessariamente precisam ser avós, mas as mulheres e homens que chegam numa certa idade e são expelidos da sociedade, do trabalho, da falta absoluta de projetos inclusivos e amplos.

Quando são eles na verdade os detentores do tempo.
De outro tempo.

ritos

DA liberDADE DE ENVELHECER, DE PASSAR pela VIDA E AMAR SUAS MARCAS

O dia de sair do hospital foi uma alegria e um limite. Levantar da cama, mexer, dar cada um dos passos. Eram tempos de dor e sonda, de dor e comparação com a condição física da bisa com noventa e três anos. A despedida de cada enfermeira, a roupa pra sair, o cabelo arrumado pela mãe. O medo enorme de não saber como continuaria a vida com todos aqueles pontos na barriga. Minhas trompas, aliás, foram amassadas e aderidas e fechadas no processo da cirurgia que foi no dia quatorze de julho de 1994.

Acontece que entrei na vida
e a gente ainda não tinha casa.
Nasci e tive que ficar com minha mãe
mais uma semana no hospital
porque a obra não tava pronta,

saí dessa cirurgia e tivemos que
voltar pra casa da vovó Rosinha
porque o dinheiro não tinha dado
pra acabar a obra da Peri.

Nasci e foi difícil morar.
Morar na casa, ocupar, ter espaço.
Mas o morar que digo é no corpo.
Nasci e foi difícil morar no corpo.
Até hoje meu corpo é lugar de
muita coisa além de respirar,
a carga da caneta acaba rápido com minhas letras.

E o Leme foi o lugar para onde
voltamos depois da cirurgia,
o leme que direciona o barco,
o Leme, bairro da casa da vovó Rosinha,
onde mais uma vez a doença e
a falta de casa faziam as quatro gerações
conviverem sobre um mesmo teto de significados.

A vibração do carro no asfalto doendo tudo. Já na orla do Leme vimos umas meninas de patins e bicicleta e Sergio-pai me disse que desejava esse tipo de saúde pra mim: de ser uma menina na orla de patins. Do carro até o quarto foi um trabalho enorme, "mãe, pai, me ajudem". Passo um, passo dois, tô voltando a existir.

A casa da Rosinha e seus objetos minimalistas, cada um com um jeito, estavam cristalinos de tão limpos, o dia era azul, a comida leve, a bisa tinha ido com o Antonio, porteiro do prédio, comprar um vinho pra gente comemorar com meu pai na roda. Antonio, vovó Rosinha, Rute, os irmãos: o retorno da cirurgia.

Uma coisa muito profunda preciso dizer: Rute deixou seu trabalho por dois anos – ela rezava e cuidava. Minhas miçangas, cada uma num pote transparente em frente ao mar. Numa bancada tinha o mundo de contas coloridas e fios. Por um fio eu já não estava mais.

O assunto era me tornar professora. Desde o hospital não saía da minha cabeça uma proposta de assumir um curso de colares para meninos da FIA (Fundação para a Infância e Adolescência), meninos da Associação Beneficente São Martinho, meninos em situação de rua que estavam lá, meninos moradores de favelas. Tudo vinha da Iolanda em minha direção, e como num sonho me misturava já a diversas realidades. Com uma compreensão de mundo plural. Iolanda, mulher do pai da mulher do meu pai, era uma amiga que trabalhava com menores desassistidos. Minha mãe achava uma loucura aquelas coisas que eu escrevia de como seriam minhas aulas, mas minha conexão com Iolanda foi ficando cada vez mais forte.

> Minha bisa e eu dormíamos juntas
> no quarto que dava pro mar,
> as dores dela e
> as minhas eram compatíveis,
> mas a nossa conversa era maior sobre
> a Ucrânia: o fato de ela ter tido
> um grande amor proibido
> em sua adolecescência,
> a falta de ternura com que ela descrevia seu
> marido arranjado pela comunidade judaica.

Ela soube viver nua só de pérolas,
com ossos estalando,
e em cada ruga sua existia um
caminho para me achar.
Da liberdade de envelhecer,
de passar pela vida e amar suas marcas.

Tínhamos uma matriarca: essa veneração era sublinhada pelo fim de ano, em que todos os bisnetos e netas sustentavam juntos, sem nenhum outro rumo, por pelo menos quinze dias juntos, na mesma casa, no mesmo quintal, no mesmo pomar, na mesma mesa, no mesmo sabor ucraniano de torta de nozes e *borsch* de beterraba, no endereço da Rebeka no bairro de Capivari, em Campos de Jordão. Colhíamos pêssego. Tudo tinha muito sabor de pêssego. Ela não saía da cozinha manhã, tarde, noite e madrugada. A coisa mais presente eram as mesas. Não existia luxo. Até porque quando perguntavam a Rebeka se ela era judia, ela se autodizia pagã, mas existia uma toalha verde musgo e mínimas flores de todas as cores. E a toalha era velha. As coisas atravessavam iguais todas as nossas idas. Aquela mão fechada de metal presa por manivela na porta da casa onde a gente batia pra dizer "estamos aqui": oito bisnetos e três netas.

No momento conjunto no Leme, ela se despedindo da vida, eu dizendo quero viver. Fazendo um colar atrás do outro, Rute indo à obra da Peri, aliviada de poder voltar a dar suas aulas particulares de ioga, de manhã até de noite, que sempre sustentaram a gente.

Posso compreender esse quarto diante do Atlântico,
onde ficamos, eu e bisa.
Ela podendo me contar dos porões

do navio que entrou pra fugir
da primeira guerra, eu louca pra ser diretora
de um filme que contasse sua história.
Atravessada por nós,
a doença, minha e dela.
O dinheiro e sua falta.
Os nós amarrados de relações presas.

De repente me vejo adulta – sentada em minha varanda alugada – escrevendo. Faz pouco tempo minha mãe telefonou, estava saindo de uma feira de mulheres erveiras em Lumiar. Ela disse que esse conhecimento de lidar com as ervas está acabando e que por isso ela tinha pego um ônibus, depois outro, depois outro, pra fazer uma viagem que no total durou oito horas, quatro pra ir, quatro pra voltar, e um dia lá. Ela não conta esse tempo, nem no telefonema comenta disso. Ela diz das ervas que aprendeu, das mulheres de Lumiar que estão se reunindo em torno da camomila, da sálvia esclareia e da alfazema. Ela aprende e me ensina. Ela tem esse jeito ligado à terra-camponesa-ucraniana da bisa nela.

rito 66

A CONVERSA NÃO SAÍA UM MILÍMETRO DO CHÃO DAS COISAS

A memória volta e estou no quarto com a bisa de novo. Ela me conta que seu marido Manuel visitava prostitutas, que ela sabia e deixava no bolso de seu paletó a quantia delas. Sabia e sabia o valor. Nós duas ficávamos nuas sempre. Rebeka nunca teve pudor com seu corpo: ficar nua ou de roupa era igual diante de mim ou de todos os seus bisnetos. Bisa dizia que pernas ficavam bonitas livres, à mostra.

Com minha mãe, retorno agora ao momento em que nos desprendemos. Foi tanta relação durante a doença que agora naturalmente o espaço se constituiu. O que posso dizer é que ela me viu curada e me deixou ir. Moramos a primeira vez separadas quando tinha quatorze anos. Rute pediu que eu e Pedro morássemos uns meses com a mãe de nosso pai, nossa vó Clarice. Assim essa distância começou.

Clarice era o oposto complementar da Rute, da Rosinha. Enquanto minha família materna é anarquista-judaica-pagã, nessa ordem, desordem, mistura, a parte que constituiu Clarice como mátria da parte paterna é aristocrata-glamourizada-antiga. E da sua cama com cabeceira esculpida de madeira pintada de ouro, Clarice fumava com piteira de ouro seus cigarros guardados em porta-cigarros de madrepérolas, enquanto comia marrom-glacê, vestida de Chanel. Seus sapatos possuíam suas iniciais e lá nossa mãe deixou a gente. Disse sábia: "Preciso de um tempo de vocês, vou começar a obra, recomeçar a vida." O que eu via na vovó Clarice não era muito além de paisagens de pertencimento. Mas nela mesmo, em seus olhos violetas angustiados, via muita falta de pertencimento na própria vida.

Era o sexto lugar que morávamos: Vargem Grande, Caxambu, Matutu, tia Inês, Peri, Silvia, Leme, Summer Palace. Quer dizer, o nono ou o décimo lugar que morávamos. Miguel, embaixador, marido de umas décadas de nossa avó, tinha acabado de morrer, e ficamos no quarto dele; eles dormiam separados. Uma seriedade, uma cama de viúvo alta, toda torneada de madeira jacarandá ficou como minha, e o Pedro dormia numa cama-improviso. O almoço pela primeira vez na nossa vida era posto na mesa por outra pessoa, pela Carmem, que usava uniforme e servia à francesa, em uma prataria clara-reluzente, arroz branco, frango e uma meia-lua de cristal com uma salada que ficava ao lado esquerdo do prato.

Eu e Pedro parecíamos dois lobos selvagens adestrados para virar cachorros. Os assuntos não decolavam da esfera prática: era no mesmo tom. "Como foi sua aula? Como está sua mãe? Vamos dar um jeito no seu cabelo?" Os modos eram ensinados, o medo de pegar no talher, de não falar de boca cheia, de estarmos todos arrumados pra sentar à mesa, aquela mesa de dezoito lugares, aquele carpete vermelho, aqueles candelabros de prata, cada um com seis velas que nunca vi acesas. Aquela falta de vida das pratas limpas.

E o racismo? O racismo corria solto até o ponto de precisarem ir ao candomblé do Lutiérre, motorista, negro, que nossa avó e suas irmãs iam resolver suas questões. Elas, supostamente sem saber, continuavam sendo racistas ao mesmo tempo que iam escondido de tão racistas que eram. E com a conveniência de se utilizarem da fé de Lutiérre, fingiam que valorizavam e tratavam de forma horizontal pessoas negras durante algumas horas, dentro do terreiro.

Muito formal o estilo de vida daquele apartamento gigante no Arpoador. Muita cortina, veludo no sofá, casaco de pele de vison no closet, tapete persa e assuntos nada voadores. Nada decolava naquela casa, a conversa não saía um milímetro do chão das coisas. E assim me formei gente: alfabetizada em mundos diferentes. Ali, naquela casa, ficando mais dentro do quarto da Carmem, deitada com a cabeça naquele colo de gente imensa.

Da Clarice, tudo que ela vinha me dizer com sua candura, era que o mundo, para ela formar aquela paisagem do corpo lindo, dos seios maduros, da cadeira de balanço e pele de bebê, não compensava. Ela não protagonizou a própria vida, mas tinha um olhar que me dizia para ir, que brilhava ao ver a coragem do percurso da sua neta, filha do seu filho à margem, marginal daquilo que não queria ser. Amei profundamente a Clarice de um jeito que não sei dizer. Me reconhecia nela, talvez essas sejam as palavras. Me reconhecia no mundo dos perfumes, dos tecidos, das joias, os peitos dela eram a coisa mais linda do mundo e, apesar de todo rigor, ela não usava sutiãs. Ela amava muito, a gente sentia isso. E certamente ela foi a pessoa que conheci que mais amou um homem, meu avô, Sergio. Nunca vi alguém amar tanto um homem a ponto de tentar se matar após sua partida.

Agora falo de minha mãe, de quando ela nos visitava nessa casa; ela achava chato ir lá, julgo eu. Parecia um aprisionamento para os sentidos dela. A camiseta de malha, a calça furadinha, a pele sem base, essas coisas superficiais para o lado Rute e de cuidado para o lado Clarice. O que é cuidado entre todas essas coisas?

rito 67

o tom,
exatamente
o tom que
ela usa

Eu penso? Não. Sou perdida. Se pudesse, mamava até hoje. Talvez essa seja uma dor universal: termos deixado de mamar. Por isso nos drogamos. Bebemos. Somos compulsivos, com celular, com comida.

> A possibilidade de encontrar minha mãe
> e ela me dar coragem
> dizendo que acha ridículo
> um poema, ou objeto meu.
> O tom,
> exatamente o tom que ela usa.
> O tempo de soltar as palavras e o retorno sincero.
> A verdade.
> Faz com que eu possa me rever.
> Ou botar a mão na cintura e dizer:

“Pera lá, ridículo é a palavra que cê escolheu.
Não tem uma melhor? Então, vamos lá,
por que você acha isso ridículo?”

Para depois dizer:
“Entendi. Você tem todo direito
de achar o que quiser.”

Na época da Peri não gostava das roupas, nem do vinagre no cabelo de Rute. Nem daquele ritual dela de se trancar no quarto sempre no mesmo horário para ler. Nem da comida ser austera e pouca: três, quatro itens. E esse papo de “se vira”. Doía ouvir “a criação de vocês é baseada na sevirologia: um método eficaz de formar autônomos desde cedo.” Com essa forma firme de Rute, aprendi a não ter medo das opiniões.

rito 68

ATÉ SEU LUGAR DE MÃE FOI RELATIVIZADO

Seria uma coisa espiritual da
manutenção do fluxo do daimoko?
A reza do início do dia e do fim da noite todo dia:
o barulho da reza, o sino, o incenso, a vela.
O daimoko vibrava dentro da gente.
Mas preciso dizer que algo na minha
mãe sempre me incomodou.
Vibracionalmente falando, não nos entregamos
uma pra outra como mulheres parceiras
como podemos ser; podemos ser mais.

Quando fiz vinte e nove, a carta
dela pra mim veio assim:

PARA

MANA

no dia do seu aniversário

30 anos

só faltando um

o que que uma outra junta a uma nova não consegue?..

“Para Mana
No dia do seu aniversário
30 anos
só faltando um

O que que uma velha
junto a uma nova
não consegue?”

Nesse ano veio só isso.

Hoje sei o quanto quero reverenciar
o corpo e o lugar de onde vim.
A mulher por dentro daquele jeito distante
ou distinta. Muito profunda.
Intensa: no adjetivo reduz, na vivência compreende.
Ela almoçando com a gente na vovó
Clarice, naquela mesa à francesa.
No fundo, Rute queria que nós
soubéssemos relativizar as coisas.
Até seu lugar de mãe foi relativizado.
Mas ela carrega inerente a todos os
conceitos uma mão de mãe quente.
Tive muito preconceito com minha mãe.
O fato de ela não seguir as convenções.
De não dar guarida,
de não dar comida gostosa,
de ter fases esculhambadas,
de não ter cabelos lindos,
de usar o mesmo sandalhão.
Dos seus pés enormes com unhas de micose.

De não ligar pra dinheiro e depois sofrer
porque está sem coisas básicas.
O fato de ela não ganhar dinheiro com o
que faz a ponto de não poder se priorizar.
O fato de meu preconceito ter
começado a terminar e de querer expandir
a imagem da minha mãe com holofote
e mostrar pro mundo como a
anarquia dela faz sentido,
anarquia intelectual-decidida-pensada,
sobretudo, anarquia privilegiada,
de quem tem o direito de escolher uma
forma de vida, não de quem é imposto.
Coloco lente sobre a imagem da minha mãe,
de como ela estuda sem parar para nos ensinar
e também ela própria se questionar.
Ela, que nunca quis ter carro,
porque ama fazer amigos
e conviver no transporte público,
e quando o transporte público tá um caos,
ela ama estar ali
para dialogar mais.
Pra escrever sobre, humanizar.

Ela e o capitalismo não se deram
e isso não é uma derrota.

PRESO EM TANTAS

SEU CORAÇÃO NÃO

O. ELE foi TORTURA

S. TANTO MESMO. T

PODER SER TOCADO.

~~De~~ QUESTÃO DE C

TORTURA)*

capítulo dezesseis

DITADURA

rito 69

o tempo todo internamente ele articula peças

Depois de passar uma vida perguntando para a Rute do Rogério Duarte, aos quinze anos um mundo se abre pra mim. Vivo a energia do primeiro sexo com um estudante de arquitetura seis anos mais velho, engreno namoro, passo a ler apaixonadamente sobre design e Rute me conta que esse é o momento perfeito para dividir essa sua história comigo. Rogério havia acabado de ressurgir num trabalho de tese de doutorado que um intelectual fez sobre ele no Canadá e dedicou parte dessa publicação científica à relação e troca de Rogério com Rute. Nesse processo, Rute se dedicou a encontrar cadernos, poemas, cartas, imagens, gozos e toda a torneira de depoimentos trocados entre Rute e Rogério se abriu:

“Tinha treze anos e cheguei numa festa na sua casa. Você pendurava prova de cores na sua cozinha. Sua arte gráfica revelava pra mim o mundo onde também na sua cozinha vivia

Glauber Rocha, Paulinho da Viola, Helio Oiticica. Sua maneira de escrever, de pensar, de desenhar sistemas. Com quatorze anos só pensava em você. Em te cruzar na rua, no seu carro. Em sua camisa mal abotoada atravessar o mesmo asfalto que o meu. Finalmente quando eu tinha quinze anos completos você resolveu dar bola pra mim: aquela menina que frequentava tudo seu. Você era um homem de vinte e nove que parecia trinta e poucos, muito sério, arretado, concentrado: trabalhava por conta própria quando a arte gráfica era um surgimento, uma maneira profunda de sintetizar as coisas. E você criava de manhã, de tarde, de noite e de madrugada. E tinha um olhar de líder que me dava tesão: de manhã, de tarde, de noite e de madrugada."

"Mana, recuperei todos os cadernos e as cartas desse tempo."
"Conta mais, mãe, por favor."

"Quando finalmente ele resolveu me dar bola, a ditadura começou a pegar fogo. E ele não perdia tempo: organizava reuniões madrugada adentro com tudo que era artista em sua casa entre a Urca e Botafogo. O negócio estava ficando sério, a polícia proibia a gente de andar em grupo, de beijar na rua, de fazer festa, de escrever poema, de conversar. Eu atuava no movimento estudantil no grêmio da minha escola, o Colégio Estadual André Maurois, e vivia numa tensão pesada naquela época, meus pais também comunistas, muitos amigos perseguidos. Rogério liderava uma vanguarda estética e política. Seu coração nervoso criador tinha um excesso de cuidado comigo. Nossa sexualidade era toda atravancada ao fato de eu ser tão mais nova que ele, de ter ordens maiores sobre nossas ações na ditadura. Mas na rua Alice, onde era seu ateliê, ele me levava. E diversos foram os dias em que sentia que chegaria meu defloramento. Só pensava 'vai ser hoje' e ele me beijava até pensar demais. E íamos homeopaticamente dentro daquele quarto de experimentos, impressões, varais com cartazes do Cinema Novo que ele fazia. Cadernos, uma coleção de moedas do mundo, impressões entre cartelas de cores. Ali inauguramos minha sexualidade e nosso sexo na rua Alice. E foram muitas as tentativas até que a cor principal daquele quarto fosse vermelha de uma quantidade forte do sangue do meu desvirginamento com o Rogério, dentro da minha ditadura, da função política dele e do nosso amor. Ele falava coisas fortes enquanto mexia em meus cabelos. Ele joga xadrez muito bem, o tempo todo internamente ele articula peças. Enfim transamos e abrimos uma série de portais: minha primeira vez, a vanguarda dele. A quantidade de livros e réguas e letra sete, compassos, papéis vegetais, entregas. Os cartazes todos da UNE (União Nacional dos Estudantes), os livros da editora Vozes, os cartazes dos filmes do Glauber, as capas de disco, o apadrinhamento com o Aloísio Magalhães. Nosso jeito de conduzir o tempo que estávamos juntos era de maneira subjetiva. E de repente, finalmente, eu caminhava em Ipanema em plena ditadura depois de transar pela primeira vez."

Rute me conta também que, junto com Rogério, foi um dia na rodoviária pegar Caetano – ele foi direto cantar no Colégio Estadual André Maurois pelo movimento estudantil, por uma poesia fora do eixo e com conexões para angariar fundos para o AMES (Associação Metropolitana dos Estudantes Secundaristas), em que Rute era tesoureira e chefe do grupo que roubava livros em livrarias para criação de uma biblioteca do movimento estudantil. O mundo sexual, a puberdade, a troca entre libido e psiquê. A forma como a vida se apresenta na ditadura como luta contra qualquer tipo de expressão, e como viver esse amor nesse tempo? Amor livre? Dormindo junto já? Já. Sexo o tempo todo. Entre todas as lutas. Entre todas as cores. Libido. Vontade de descoberta. Nudez. Calor. Fogo. A polícia militar atirou e matou Edson Luís, um menino de dezoito anos do subúrbio, da luta, do movimento estudantil. Foi morto sem dó dentro do refeitório universitário Calabouço. Moveu toda a representação daquela geração. Tensionou toda a cidade. E a UNE organizou a Passeata dos Cem Mil. Dia inteiro na Candelária: missa-manifestação. Rute lembra que tinha gosto de sexo misturado com culpa de sentir tanto tesão no meio das pernas nessa situação.

"E a gente transava e dormia entre as coisas e no dia da missa *atransamos*: transamos + atrasamos. Chegamos à Igreja da Candelária já lotada, havia perdido a hora de ir junto com o grupo do colégio e Rogério dizia 'você vai comigo porque vou te proteger'. A igreja já estava fechada e cercada por policiais montados em cavalos, com muita gente trancada dentro. Nem conseguíamos caminhar até a igreja de tão cheia a rua – inevitavelmente nossos corpos estavam um contra o outro ou abraçados. Era a única forma de atravessar. Estávamos ali no perímetro da missa de um jovem ingênuo e inocente de dezoito anos, assassinado. Eu aos quinze, Rogério, vinte e nove, a polícia começou a entrar, vimos que era o Exército na verdade. Muitos homens fardados, encapuzados e armados. Eles não estavam entrando, eles vinham. Segundo a segundo chegaram a nós, pra separar nosso abraço."

Nosso abraço não.
A gente demorou muito
pra namorar. Nosso abraço não.
A gente se ama.
Nosso abraço não.
A gente não!
Rogériooooooooooo! Rogério! Rogériooooo?

E ele só gritava.
Não levem ela. Ela não. Ela tem quinze anos.

Nos próximos três ritos, assumo a voz de Rute...

rito 70

VI OS HOMENS
E SUAS
NATUREZAS
EXTERMINADO
RAS
EM CIMA DE MIM.

Soltaram nosso corpo um do outro. Fomos levados por soldados. Empunhados na multidão. Nos afastaram. Rogério estrebuchava. Meu nome foi ficando cada vez mais baixo, mas ele não parava de gritar. Me vendaram com um capuz desde a hora que fui jogada no camburão. Não sabia para onde levaram Rogério, nem para onde iria, não sabia rezar e uma arma de metal gelada ficava constantemente encostada em meu corpo magro. Fui sendo levada, levada. E me jogaram numa sala de tortura. Me mostraram todos os equipamentos de tortura: cadeira, correntes, choques e aquela arma gelada retraiu meu corpo inteiro, até as próximas gerações. Além do amargo na boca do metal das armas, retraiu-me até hoje o encapuzamento que não me deixou ver a cara dos torturadores.

Setenta e oito horas sem nenhum minuto em que não ouvisse que poderiam me matar. Foram minutos enormes aqueles que quiseram encurtar minha vida. Um rádio tocava sem parar notícias, meus ouvidos não assimilavam. Até que eles se abrem muito forte com o chamado da morte de Martin Luther King. E esse momento é um marco pra mim.

Meu pai conseguiu me achar e me tirar do Dops (Departamento de Ordem Política e Social) com uma carteira da Marinha Oficial. Vi os homens e suas naturezas exterminadoras em cima de mim. Meu pai mal me cumprimentou e me deu em voz alta os parabéns na frente de todos os policiais. Ali, antes mesmo de querer saber de mim, ele validou eternamente minha conduta política.

rito 71

O OLHAR DA MINHA MÃE NÃO ME TRAZIA CASA

Avenida Vieira Souto era o endereço da nossa casa, uma mistura de sentimentos que me dizia que não dava para voltar pra casa. Mesmo considerado um endereço nobre, em frente ao Atlântico, o lugar que morávamos era um misto de luxo e miséria. Uma mãe que sempre precarizou no afeto, no sorvete, na alegria, no entusiasmo. O fato de voltar pós-tortura não significava nenhum tipo de acolhimento ou compreensão. Minha mãe me olhava como se algo eu tivesse cometido: do início ao fim da vida, todos os dias, esse olhar dela me atravessava apontando que alguma coisa eu estava tirando dela. Pra ela eu tinha custo, e era cara.

Não era tão diferente do olhar carregado de tortura daqueles homens. Só que era uma mulher chamada Rosa e por ela vim a aprender ou nascer. Precisava do Rogério. Só dele. Não do olhar da minha mãe. O olhar da minha mãe não me trazia casa.

Os objetos dela me davam qualquer tipo de norte. Um vaso longo de vidro verde sempre oco, uma noiva de barro do Vale do Jequitinhonha, uma mesa bonita com cadeiras modernistas empalhadas sempre com uma toalha bordada de linho cru e flores geométricas. Minha mãe consegue guiar seu apuro estético e ser tão longe.

Rito 72

A polícia lhe soltou, mas ele não veio

Mal cheguei, quis ir em busca do Rogério, seus irmãos, amigos, advogados: corri para todos. Cada hora era contada minuto a minuto, sem noite, dia, sono ou sonho. Onde está Rogério? “Vamos juntos”, me chamou seu advogado.

A polícia lhe soltou, mas ele não veio. Ele ficou preso em tantas cenas que seu coração não deu mais espaço. Tiraram todas as suas unhas, seus cabelos, pelos. Ele foi torturado tanto mais. Tanto mesmo. A ponto de não poder ser tocado.

Nascido na Bahia, Rogério não tinha família no Rio, e da tortura foi direto pra minha casa. Eu morava com minhas irmãs e meus pais, Rosa e Maurício. Como assim namorar? Como assim achar espaço; essas palavras nem podiam ser ouvidas. Eu queria fazer carinho, ele gritava só: “Não me encosta.” Vi Rogério pirando por dentro, botando pijamas da Rosinha, com febres e calafrios. Vi Rogério e minha mãe de um jeito insinuado-esquisito. A interrogação dessa cena sempre ficou no ar. E ouvia no sopro pesado essas noções de que a ditadura estava instaurada.

Ele foi uma das primeiras vítimas dos torturadores da época, início da ditadura. E a grande questão: declarar ou não toda essa tortura? Esses assuntos já eram tanto para o assustamento dele, que tremia da cabeça aos pés. Declarar é saber que pode ser perseguido para sempre. Não declarar é, além de saber que pode ser perseguido, se sentir apolítico. Podendo deixar outras pessoas na mão daqueles terríveis. Ele foi depor publicamente sua tortura e expor seu caso. Vi Rogério ir.

Por alguns meses fundamentais, nos reencontramos e voltamos a namorar quase cinquenta anos depois.

A partir daqui, volto à minha voz.

rito 73

os choros
retraídos
da vida da minha
mãe viram
um ombro
desarticulado

De certa forma o tempo não é cronológico. E hoje posso compreender minha mãe. Neste instante em que escrevo, toca o telefone.

> Uma ligação de minha mãe aos prantos:
> "Cê tá podendo ouvir meu choro?"
> Ela diz que não consegue parar de chorar
> porque as crianças precisam ter o direito de brincar.

O Curso Gaia, que Rute fez sobre sustentabilidade, deu uma atividade para cada grupo. No dela, o tema era o direito de brincar e porque ela ouviu esse título e sentiu que o tempo atual tem dado tão pouca chance ao lúdico-genuíno. Ela quebrou, mas primeiro rachou como um galho com seiva que solta líquido.

Ela desabou aos prantos na frente de todo mundo. Foi pra casa, ficou de cama e chorou muito – bateu muito forte na origem das coisas. No verbo passado-presente. E nos seus entes: Dom, Mano, os netos. Gerações que virão em tempos de falta de democracia, de golpe: país em abandono.

Os choros retraídos da vida da minha mãe viram um ombro desarticulado. Ela começou um tratamento que a emagreceu e a fez chorar. Diz que cada sessão que o acupunturista ajusta seu ombro, ela solta a dor do mundo. Depois ele ajusta mais e ela chora a sua dor.

Enquanto escrevo, alucino-elucido que não tenho maturidade de chorar o que preciso. Por isso tenho ombros tensos, mas não sou conivente com as dores da minha mãe. Quer dizer, talvez seja um pouco, porque humanamente falando, as dores se misturam.

z (sem a distância

z tempo ficou que introd

oum óculos que vê c

ja ~~distância~~ de pro
com lonjura

A gente é passiona

sse o termo? quando

~~[illegible]~~ pra ele nesses c

ntos do ano tenho o

nto do maior amor

eria sentir por um

,

n: sentimento ~~é dito~~

capítulo dezessete

HOMENS SEM HEROÍSMO

rito 74

UM HOMEM PRA
CHAMAR DE MEU
QUE tem EU
DENTRO

Entre coisas tortas e frondosas,
o que foi ver a quantidade de berros da nossa casa?
Briga antes de sair pra escola.
Até eu me trancar no banheiro ou
subir em cima do Pedro,
e cuspir na cara dele dizendo ser a mais velha,
e Rute dizendo que não aguenta mais.
E os vizinhos dizendo "parem".
Fazíamos estardalhaço mesmo.
Uma vez por causa de um cuscuz de
coco que deixei na geladeira
e o Pedro comeu, começamos a guerra.
Onde termina o diálogo, começa a guerra.
E todos, todos os meus bonecos

foram jogados fora por ele,
um a um pela janela da Peri.
Minha garganta travava.
Ele jogava o palhaço de corda que meu
avô tinha me dado na Páscoa,
que puxava a corda e ele tocava Bach,
as listras diagonais dele,
o pompom sobre o chapéu cônico,
o fato dele dormir na minha cama.
Ele jogava a segunda boneca, que era grande
e herdada das minhas primas ricas.
Ela era facilmente confundida com
um bebê e nela havia colocado
o vestido rendado de linho e renascença
do batizado do meu pai,
da foto do porta-retrato da vó Clarice.
Ele jogava a Barbie, que me dava
tanto tesão na infância
por causa daquela cava entre quadril
e virilhas, o Bob-peitoral.
Ele jogava o meu unicórnio de louça, que
minha mãe comprou grávida de mim,
porque achava que tinha um unicórnio na barriga.

Eram meus parceiros de vida –
chorei um a um sem parar.
Eram quase todos tão parecidos com
bebês reais que minha mãe até usava
com as grávidas nas aulas de shantala.
Na janela do terceiro andar que dava pro
abacateiro e embaixo das folhagens,

eles ficaram pouco avistados,
com a possibilidade de uma despedida final.
Quis muito ser defendida pela minha mãe.
Mas não teve jeito.
Dessa vez tinha perdido muito –
meus tesouros e a defesa dela.
E perdido meus vínculos.
Brinquedos são vínculos.

Rute-mãe sempre acabava botando o Pedro no colo por ele ser mais bravo, ela se sentia tomada pelo dever de acalmá-lo. Minha faculdade era essa. Às vezes ela perguntava: "Você quer que eu grite com o Pedro?" E quando ela finalmente gritava, ele respondia pior. Ela dizia que o Pedro era louco na frente dele. E me ensinava a não considerar o que ele falava, dizendo "deixa entrar por um ouvido e sair pelo outro". Até hoje continuo achando um absurdo essa subestimação: "Como assim deixar entrar por um ouvido e sair pelo outro? São coisas que ele está dizendo." Teve só uma vez numa das férias em Campos do Jordão que Pedro sumiu com os cavalos do vizinho, e Rute foi possuída, pegou uma vara de marmelo no mato e bateu fortemente no Pedro com aquela vara melada de uma maneira traumática para todos nós. Já nosso pai, que também só bateu uma vez em mim e no Pedro, amava o ditado: "Palavra tem casca, sumo e caroço, saibam usá-las." Mas o couro comia. Meu cabelo foi tão puxado, mais tão puxado pelo Pedro, que sempre achei que teria problemas cerebrais.

Sensação de impotência, de vácuo, de medo, ataque, defesa, derrota, de maldade. "Para, Pedro, para. Mana, para, Mana." Quatorze meses de diferença nunca me fizeram mais forte, mas nos textos que se repetiam diariamente era dito por minha boca entre muita saliva: "Eu sou mais velha, você é um pirralho, me respeita, porque você é menor", e no meio já estava cuspindo na cara dele. Cuspindo mesmo: lentamente minha baba ia saindo, aí eu trazia a baba até a goela e dizia "você merece ser cuspido". Montava em cima dele, sentava de cócoras sobre seu abdômen forte, prendia seus braços e começava a cuspir porque ele comia o que era meu, cuspir porque ele usava minhas coisas sem pedir, cuspir porque ele me batia, e ele é muito mais forte, ele me mordia e eu também. Marcas roxas, vermelhas e pretas: tons bem pesados. Nossa mãe ficava histérica. Nosso pai, quando eram finais de semana, mandava a gente dar trinta voltas no terreno de mãos dadas.

Hoje esse lugar distante e frio dos homens está um pouco na nossa relação. Em alguns momentos do ano amo profundamente meu irmão e olho pra ele com a nossa infância estampada numa película. Nesses momentos, Pedro toca piano e eu misturo ingredientes enquanto ele toca. E ele canta de um lugar bem distante e bem perto ao mesmo tempo, com uma voz que vai até o dedo do pé ou até um lugar desconhecido cheio de intensidade, plantas carnívoras, bromélias sobre telhados de musgos, vitrais coloridos com sol, uma mulher de saia gigante até o mar.

E nessas cinco vezes por ano olho pro Pedro só com o olhar, sem a distância que faz tempo ficou introduzida como uns óculos que se vê com certa lonjura de proteção. A gente é passional. Seria esse o termo? Quando olho pra ele nesses extintos momentos, tenho o sentimento de maior amor que poderia sentir por um homem: sentimento maior do que todas as espécies de amores. Um homem pra chamar de meu que tem eu dentro. Irmão. O olhar da pureza.

Meu irmão também me atrapalha toda, ele evidencia com palavras minha sombra e traz um sistema nostálgico. Um ócio misturado com prepotência, uma conivência com a forma física das mulheres maior que a força delas. Projetos faraônicos com dificuldades diante do básico. A desestrutura de tudo isso foi virando um tema. Diante de um círculo de cotidianos familiares-soltos, prendi o meu. Tenho culpa ou adoração por tardes livres. Como se minha ocupação demasiada em excesso fosse superior ou construtiva.

rito 75

longe da margem, com meu pai

Bastante da drogadição de cocaína e álcool do meu pai veio para mim como uma compulsão diária por fazer outras coisas mil até que o cair exausta me domine. Vivo com uma capa de supermulher como força de superação, como se sempre, o tempo todo, pudesse morrer no dia seguinte; e me perco. Pago as contas atrasadas de um atraso que não foi nem eu que criei. Um atraso, uma falta de base, um medo do tempo livre, aberto, do oco dele, da perspectiva.

Me perco porque faço consultoria,
capa de disco, cenário.
Me perco porque faço vidro, louça,
roupa de cama, móvel.
Me perco porque faço comida pra
dez pessoas e só vem cinco.

Me perco porque faço sapato, chinelo,
faço projeto com crianças e velhas.
Me perco porque faço letra de música,
perco os dias ocupada,
esqueço o bater das ondas das coisas.

Peço à minha mãe que me ajude. E a ajuda dela é só filosófica, não é prática. Ela me conduz a ficar sabática, diz que mereço. Percebo que não tenho dinheiro e respiro. Trabalho mais. Lembro que tenho de escrever pra deixar nas letras o que não deixo no mar. As histórias voltam, o livro volta, volto pro mar.

No mar, com um ano de idade, longe da margem, com meu pai. Sergio nadava com o corpo desenhado por ondas grandes. Os músculos, os órgãos, os tecidos, a pele – tudo nele foi feito para furar ondas. Ele tinha mania de mar gigante. E me botou no ombro, como se com um ano de idade já tivesse que saber manter as duas mãos com todos os dedos entrelaçados, como se ele fosse o super-homem e eu a capa. Mas o mar estava imenso "porque água não tem cabelo pra ninguém se segurar".

O programa era irmos longe, furar as ondas, a boca, a correnteza, a vala e ir pra onde as marés são outras, pra fora da arrebentação, onde a margem era vista com as montanhas de Grumari por de trás da água marinha. Ele me mostrava os detalhes disso, ele que sempre amou correr risco sozinho, e agora, comigo nas costas.

Foi na volta cansado de tanta perna que, numa onda mais perto da areia, ele viu meu pé de bebê solto do corpo dele indo embora de cabeça pra baixo. Desespero. A narração que ele fazia usava todo seu vocabulário e lágrimas. “Você foi indo, indo, indo” e ele não conseguia me alcançar no mar revolto. Ele sempre contava essa história, “cada segundo era interminável até que a própria onda voltou de forma que eu consegui alcançar seus pés na superfície”. A espuma de perder era grande, imensa, brava. Meu corpo tem registros desse incidente, tenho medo de não ser protegida por um homem. Tenho homens que parecem muito protetores. Tenho medo de ser grande, mas de um tamanho desmedido. Mas também sou esculpida em cada onda: o mar tem meu respeito, mas não meu medo.

Meu pai nunca me deu medo, ele me botou na vida.
Nos riscos, pude voltar.

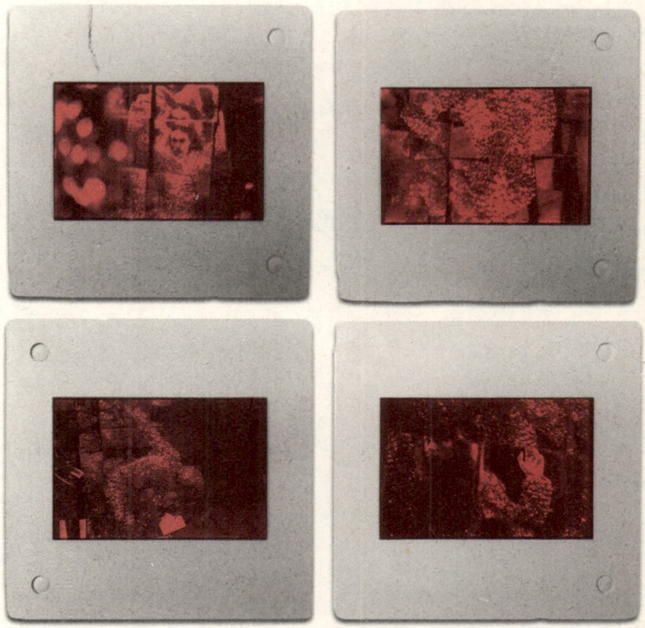

A A RUTE PRA gente

TUMAR COM o jeito dela.

ELA FOSSE MÁ MAS

A NUNCA. SÓ QUANDO

go telefonAVA. SÓ

A MÚSICA DO DJAVAN

No PROGRAMA DE DOMIN

EM ANTES DA gente

eirA. SÓ QUANDO ELA

A NOSSOS CADERNOS.

AQUELE POEMA AN

A A QUELE todo

ANHÁVAMOS em

ELA

capítulo dezoito

PRA TER VÁRIAS MÃES

rito 76

NENHUM
DIMINUTIVO
SE ABRIGA A UM
SANGUE UCRANIANO
DAQUELES

A mãe da perspectiva não é a mãe
boazinha. É mais a má.
Dizia a Rute pra gente se acostumar com o jeito dela.
Não que ela fosse má, mas boazinha nunca.

Só quando o Thiago telefonava.
Só quando a música do Djavan tocava no programa
de domingo da JB FM antes da gente ir pra feira.
Só quando ela encapava nossos cadernos.
Ou fazia aquele poema anual que
ganhávamos em todo aniversário.

Mesmo assim ela não era boazinha –
nenhum diminutivo se abriga
a um sangue ucraniano daqueles.

Nem quando num ano de tanto a gente
reclamar que não tinha Natal,
nem árvore de Natal,
ela desceu pra rua,
catou um galho enorme caído,
tacou um spray prateado de jet enchendo
a calçada de jornal pra não sujar
e pendurou umas bolinhas.
A nossa árvore foi essa em apenas um dentre
todos os anos que moramos juntas.

rito 77

ElA, NOSSA PRIMEIRA MÃE DEPOIS DA NOSSA

Mãe de axé,
mãe de trabalho,
mãe de elegância,
mãe de literatura,
mãe de budismo,
mãe de performance,
mãe de comer bem,
mãe de pai,
mãe de gringa.
Mãe de sangue me falou
pra ter várias mães.

E a primeira que tive fora dela, me ensinou a lavar minhas calcinhas, a comer menos selvagem à mesa. Rute amava dizer que uma criança é um trabalho para uma tribo – nunca para uma família. Essa primeira segunda mãe que tive foi a Bel, mulher do meu pai. Uma mulher discreta e profissional da moda. O fato de ela sair de manhã e voltar à noite era muito bonito; ela foi a única pessoa do nosso círculo que tinha emprego. E tudo na nossa vida melhorou com a o casamento do papai com a Bel.

Eles moravam num aparthotel na praia da Barra, o Summer Palace. A gente tinha o luxo de ir no mercado e escolher coisas como sucrilhos. Bel é mais que discreta, é distinta: organizada, arrumada, metódica, de ordem prática, de ritmo, compasso, repetição.

Ela tem poucos objetos que a acompanham até hoje: dez cangas bem lindas tecidas em tear com listras e geometrias, uma coisa nobre de Bali. Uma delas usa como tecido sobre o sofá, de fios de seda e cor marinho e creme, outra no meu colchão no chão, rosa-choque com turquesa com mínimos triângulos nas barras e franjas de Búzios, mais uma de toalha de mesa de tecelagem mais grossa, preta e branca com círculos enormes como arcos, anéis, fendas e uma forma mais no estilo de Escher. Enroladas pra usar no mar tinham as outras cangas numa cesta yanomami.

Na infância, Bel parecia mais fisicamente comigo do que Rute, os olhos verdes, o tom de pele e o fato que ela ama repetir: que me conheceu banguela. Ela nos fez top model de muitas coleções e a profissão dela carregava pra gente um status: era bonito-grande dizer "a mulher do meu pai é estilista" e bonito-real chamar Bel de segunda-mãe.

Ela nos dava o norte de brigadeiro de panela com aluguel de videocassete do *Karatê Kid* na locadora. Ela fazia o macarrão que a gente sonhava. Ela, nossa primeira mãe depois da nossa. Ou Bel, nossa segunda-mãe, e até hoje semanalmente temos notícias uma da outra. Ela não quis filhos porque tinha a gente.

Por meio dela, a gente conviveu com a onda surf-moda, galera-cannabis-bronze. Mas de todas as Bels, a que mais existe é a apaixonada por pôr do sol de todas as cores. Os tons de entardecer me deixam o sabor de tantas vezes que ela levava a gente pra curtir esse momento na praia. Onde começa o céu e termina o mar sempre teve a Bel.

E ela sempre teve seis vasos de violeta que estranhamente são as mesmas até hoje e que mais estranhamente ainda dão – em todas as estações – violetas de pétalas peludas de quatro tons: lilás, branca, rosa e azul.

rito 78

POR TRÁS DAS BACIAS,
ELA PENETRA
ESSA ALFAZEMA
NAS ROUPAS

Minha terceira mãe, irmã do meu pai, me ensinou a usar pérolas para dentro da vagina, a pegar meu colar de pérolas, e subir um degrau por pérola pra dentro e descer degrau a degrau por pérola pra fora. Christiana é seu nome. Ela me deu segredos, véus, pompoarismo. Roupas, tecidos, rendas. Pedaços de pano, desembaraço. Entrar na casa dela é ir pra dentro do dentro. No primeiro passo ela pega um pente, no segundo, um óleo. No terceiro, ela me põe no chão, pega meus cabelos e põe Monoï Tiki, um cheiro de flor do Taiti. Ela diz que nó na cabeça não pode. Ela repara minha roupa, meus sapatos, meu olhar, olheiras, nós. Se preciso dormir, ela me põe na sua cama de lençóis de linho bordado, que eram de minha bisavó, de sua avó. Ela tem atrás da cama uma parede entre o ocre e o ouro barroco. E um cheiro constante de alfazema entre as almofadas com flores rendadas e tecidos que não puíram, porque ela lava à mão. E eu adormeço no cheiro dela, daquelas almofadas da minha bisavó.

E quando acordo ela me diz que estou em casa, que sou filha do Édipo dela com meu pai. Que nossa família faz Édipos. Todos namoram. Se amam. Se cheiram. Se encharcam uns com os outros. E nunca duvidei que sou filha dela com meu pai. De minha mãe com meu pai também. Mas esses irmãos tão próximos apaixonados e distantes de tanta paixão me fizeram. O espaço da cama da Christiana é com gatos-filhotes de onça, que dormem entre suas coxas. Esse é o lugar que ela me leva dentro do mundo de suas coisas. Dentro de seu olhar-tigresa, carregada de olhos verdes, ganhei um tempo mais dentro de mim. O que sonhei ali me fez mulher. O que sonhei com minha mãe me fez Ártemis, selvagem, corredora com lobos, amiga da rua, do povo, dos mercados populares. Às vezes não queria voltar pra casa, nem ir pra escola, nem fazer dever, só ficar com tia Chris sendo desembaraçada naqueles pentes largos por onde meus cachos passavam.

E às vezes, além de Monoï, ela me passava Seiva de Mutamba, uma pasta pra desembaraço, africana. Uma vontade de nunca sair daquele ninho. Mas no banheiro dela de azulejos bisotados na cor azul-cobalto existem bacias pra todo canto, bacias com amaciantes de coco, barras de sabão de coco, escovinhas, escovas, escovões entre copos de prata recheados de lápis de olho, de rímel, de kajal. Microprateleiras de batons, buchas vegetais, óleos estrangeiros, shampoos do bom e do melhor. Um espelho integral de cabo a rabo sempre com um recado que ela mesma se deixa feito de um de seus batons.

> Toda noite antes de dormir, passa no banheiro.
> Sozinha de madrugada, como num ritual,
> ela lava seus lençóis, enquanto filosofa.

Lençóis que foram de sua avó e conserva assim
as rendas,
os ocos de flores,
os ocos de geometria ancestral,
os fios de ouro bordados com iniciais.

Ela deixa alfazemas em frascos grandes de cristal –
por trás das bacias, ela penetra
essa alfazema nas roupas.
Ela desmantela seus fumos,
usa camisolas, roupões, penhoar.
Esfrega desde os quinze as pernas debaixo pra cima
umas cem vezes com uma luva de sisal,
desde sempre a mesma,
que ativa a circulação.

As pernas dela são impressionantes.
Ela e toda a parte paterna só toma
ducha gelada-chuveirão.

O dia que Christiana morrer o mundo de dentro da intimidade com as coisas vai pedir para passar. Ela me ensina a ter intimidade com as coisas. Ela me bota entre esses lençóis requintados que ela mesma conserva.

Ela me dá o que do outro lado não tenho.

rito 79

NA CORRENTE FECUNDA

Resolvi sair de casa, pois havia mais de um ano que a partir de qualquer mínima reclamação que eu fizesse, Rute dizia: “Eu com a sua idade já tinha saído de casa há muito tempo, já tinha sido torturada, já morava em Londres.” Já isso, já aquilo outro.

Isso foi me consumindo de uma maneira que comecei consumindo vidros, fiz um enxoval de copos coloridos e cada reclamação dela, partia para uma compra, pensando na casa que eu teria: lençol, colcha, mesinha. Com treze anos, já ganhava dinheiro vendendo colares, aos quinze era professora, pagava até INSS.

Rute passava a caneta marcando meus telefonemas, rabiscando a conta, e me fazia pagar cada ligação. Com um gosto pela autonomia, ela já vinha com aquele papo de que depois de quinze anos tinha cota albergue e divisão dos gastos da casa. Amo autonomia, mas puta que pariu. A mulher que pariu minha mãe é muito mesquinha e, puta que pariu, minha mãe me deu o melhor dos bens que é a energia da autonomia. Mas ela me expurgou para a autonomia: fui autônoma diante de sua dureza, diante de sua mesquinharia com coisas materiais.

"Rute-roots-Rute, te odeio, vou embora, escuta o que tô dizendo." Foi essa a resposta pronta que dei à minha mãe quando ela veio com esse papo-resposta de "eu com a sua idade já era babá em Londres". Eu amei odiar minha mãe, nada foi tão saudável como gritar com ela, tirar da goela: "Ah é, então tá!" Comecei jogando uma caixa enorme de madeira que ficava no topo do meu armário com todas as fotos da família no chão: fiz um Monte Fuji de fotos, um Monte Fuji de todas as minhas roupas e cada novo gesto vinha com a saliva crescendo por entre os dentes e um grito: "Ah, cansei de ouvir isso, estou indo embora." Por último, fiz uma mochila com tudo que precisava: canetas, cadernos, três roupas, seis calcinhas, um óleo, dois creminhos, um tênis azul-cobalto, uma trança de lado.

"Mana, para, sou sua mãe e te amo. Quero só que você saiba dar conta da sua vida."

Por último, passei na estante de vidro
sobre a pia da cozinha
em que germinava minhas sementes
da alimentação viva-dieta pro meu intestino.
Ali rezei para as sementes e fui pra rua:
sem morada, amando sentir tudo isso na cara.

Não ter destino
me dava a melhor cara que já tive.

Reverenciava
aquilo mais que tudo.
Aquilo era a condição da minha poesia.

A equação da liberdade, a
possibilidade vital da rebeldia
e aqueles montes-montanhas de coisas-fotos-roupa
ocupavam como instalação
o chão de madeira do meu ex-quarto,
por entre um armário agora vazio,
tudo não me fazia falta.

Queria chorar a saída
e sentir o berro de libertação.
Como era bom não pertencer,
muito melhor que pertencer.
A mochila não era pesada:
a rua tinha gosto, cheiro,
sabor de chocolate surpresa.

Marquei com meu confidente-artista Marco Veloso. "Me encontra na praça do Jóquei que saí de casa." A melhor roupa que tinha era a mais resistente: uma bermuda verde musgo de bolsos saltados para os lados. Um balanço para esperar o Marco, com mochila, rindo do destino, fazendo cena. Uma caminhada em que ele delicadamente com voz baixa me pergunta: "Quer que eu leve sua mochila?".

E na caminhada para o açaí do Leblon, falávamos sobre a liberdade desse dia. Sem destino demarcado, em dez minutos passou Christiana: "Que que houve? Ah, mora comigo se quiser!"

Quis. Já havia morado aos quatorze anos sem minha mãe, na vovó Clarice, e vivi um ano na tia Chris por volta dos dezessete, dezoito anos. Daí já fui pra fora do corpo-família de vez.

De vez em quando voltava para o útero da minha mãe no imaginário de oceanos constantes: uma mãe natureza mais que a minha. Nenhum sentido de possessividade me aguçava: minha mãe, meu pai, meu pão.

> O sentido de família não era de sangue –
> era de território aberto de pessoas que fizeram
> elo comigo para atravessar.
> Na corrente fecunda
> soube que pai e mãe se amaram
> e tiveram raiva um do outro.
> Irmão e irmã se amaram
> e sentiram coisas piores que raiva um do outro.

rito 80

O QUE PRA VOCÊS É LIBERTAÇÃO?

Posso ir para o tempo do Museu da República, da minha carteira de trabalho, do pagamento do FGTS, de treze para quatorze anos, sem peito, sem ter menstruado ainda. Para antes disso, na origem disso, estava internada no hospital.

Entre o hospital e a casa nasciam mil colares, coleções, as minhas mãos não pararem era uma forma de ver o mundo pra fora da doença: construção-cura.

Nesse lugar mote de vida, surgem pessoas que somem e se tornam presentes pela sua ausência e aquelas que se tornam eficazes, presentes pela sua presença na revelação surpreendente de humanidade.

Iolanda surgiu bem de perto quando fiquei doente, ela se comprometeu comigo, comprava miçangas pros meus colares. Olhava nos meus olhos e colocava um espelho de humanidade de frente. Ela passou a ser uma das mães que tive desde a internação para a minha cirurgia.

Comprava também meus colares e encomendava mais. Olhava as cores, as amarrações, os fios, os pontos. Lembro de um cinto que fiz e ela comprou, de estrelas prateadas com contas de argila em tons pastéis. Foi Iolanda que levou pra mostrar na loja do Museu da República e eles encomendaram alguns.

Fiz essa encomenda internada,
cada colar tinha que começar e terminar,
era uma forma de vida.

Quando não estava mais internada, Iolanda me buscava para irmos juntas ao seu projeto, na ONG Educação e Trabalho, que ela criou. Lá eu me soltava entre vidas tão urgentes de atenção: mais de oitenta meninos sem espaço na sociedade que ali, pelo projeto dela, viravam jardineiros aprendizes, aparavam as plantas, germinavam sementes, usavam pá, tinham os olhos atentos.

Ficava com ela o dia inteiro sem pensar em mim. Minha dor passava. Os meninos me mostravam suas ferramentas. Nada me tira a imagem do olhar deles. Olhar às vezes longe, de quem já sofreu muito. A FIA (Fundação para a Infância e Adolescência) e a Associação Beneficente São Martinho eram algumas das casas que acolhiam esses meninos que viviam sem seus pais.

Saía de mim muito rápido indo pra eles. Perguntava sem parar, eles se entrosavam. Tinha treze anos e num desses dias de ida apaixonada ao projeto, Iolanda me olhou e disse: “Mana, quer dar aula aqui? Vamos montar uma turma pra você: trinta meninos pra você ensinar." "Mas eu tenho que operar." "Agosto-setembro tá bom?" "Sim. Agosto-setembro já tô curada."

Foi a maior injeção de ânimo que pude receber. Nenhum remédio deixava minha cabeça tão dentro e em missão. Robson, Ricardinho, Adriano, todos os meninos da jardinagem do Museu da República. Todos já tinham roubado meu coração, e também já tinham vivido em situação de rua, perto da Candelária.

Iolanda, corajosa, mineira de Tiradentes, ativista, católica e parceira do juiz da vara de menor Siro Darlan. Ela me visitou todos os dias no hospital, depois em casa. Levava cadernetas pra que eu anotasse como seriam minhas aulas e me dava questionários pra responder, qual seria o nome do curso? Quantos meninos iria atender? Que materiais iria precisar? O nome que dei foi Demais da conta – Oficina de produção de arte em bijuteria. Trinta meninos. Nylon, miçangas, garrafas pet, fios elétricos descartados pela Telerj, Light. Anéis de latas recicladas.

Cada dia era entre os fios tão por um fio da minha saga-hospital, Crohn, dor, cicatriz. Todos aqueles colares pra fazer, aquele curso pra seguir. Minha mãe só olhava de rabo de olho surpreendida que eu tava dando meu jeito. E toda vez que arranjava uma nova mãe, ela respirava aliviada que mais uma mulher iria me formar. Iolanda, mãe de trabalho.

No dia da primeira aula o despertador não tocou. Precisava estar no Museu Histórico Nacional, na Praça XV, às oito em ponto. Um dia antes, a Iolanda me liga: "Você agora é professora. O professor recebe o estudante, chega antes, abre o espaço."

O despertador não tocou.
O despertador não tocou.
Não tocou. Não tocou.
Meu endereço: Rua Joaquim Nabuco.
Quarto dos fundos do latifúndio-apartamento
da vovó Clarice, à parte da realidade.
O ônibus 119. Trinta meninos numa roda
no pátio do museu, revoltados.
Iolanda a duas horas me respaldando.
Quando abri a porta um menino
falou alto, direto, reto, no grave:
"Você chega atrasada, ainda é branca,
pequena e magra. Ah, num vai dá não."
"Como é seu nome?", perguntei.
Ele: "Robson."
"Robson, me chamo Mana, se você
sofreu pra tá aqui, eu também."

Levantei minha blusa, mostrei
a cicatriz enorme ainda roxa sobre
o corpo magro-abatido e disse:
"Tenho um mês de operada.
Você já passou perrengue, eu também.
Quer ficar aqui, vamos transformar juntos,
fazer colares, ver o mundo, usar as mãos.
Se quiser ficar, abaixa o tom.
Se quiser sair, a porta tá aberta."

"Tá tranquilo, professora.
Só achei esquisito uma professora
pequena. Tá tranquilo."

"Vamos dar as mãos então. Uma roda grande, todo mundo de mãos dadas. Fechem os olhos. Respirem três vezes, imaginem a libertação. O que pra vocês é libertação?" Joelma era maior que eu e respondeu que libertação é ir pro baile ser vista, reparada pelos poderosos, dormir com um deles. Wanderson disse: "Um carro e um cordão de ouro. Uma casa própria." No final da primeira aula, Iolanda nos informou que o curso passaria a ser no Museu da República. Alguma encrenca interna inexplicável.

Eles continuaram seis meses comigo, depois o curso passou a ser de um ano e as metodologias foram avançando. Iolanda não me deixava parar de estudar *Pedagogia da Autonomia, Pedagogia do Oprimido, Educação como prática da liberdade,* toda a bibliografia de Paulo Freire era obrigatória e meu senso de missão foi iniciado entre essas leituras.

Cada dia uma roda até que os colares fossem saindo cada vez mais lindos e mais cheios de cores, texturas, formas. A gente fazia roda pra respirar junto. Respirar pra lembrar que estamos vivos. Tinha dia que eu levava todos os meninos para o Aterro do Flamengo, deitávamos pra ver as nuvens juntos e colhíamos plásticos do chão pra fazer colares em forma de nuvem.

O maior acontecimento do ano era o desfile das etnias, em que cada jovem estudava uma etnia com profundidade e desfilava sua construção própria de indumentária. Em alguns momentos, o projeto conseguia dinheiro para dar almoço diariamente a todos. A melhor hora era ver todo mundo comendo junto, todas as turmas, de jardinagem, bijouteria, hotelaria e artes.

O racismo de tantos profissionais de dentro do museu com os meninos me chocava, era chamada de "loirinha dos neguinhos". Saía do museu, almoçava na rua. Ia para o meu supletivo. Formei a primeira turma antes de ficar menstruada. Foi a mulher do cônsul da Dinamarca que bancou os custos desse primeiro curso. Lembro da solenidade da formatura, eles recebendo o currículo num tubo, o fato de um museu, instituição democrática, mas ainda tão elitizada, ser espaço de um projeto social para jovens em situação de vulnerabilidade. Iolanda e eu nos abraçamos longamente: o cheiro dela, o tom de voz mineiro, a densidade necessária de quem inclui excluídos. Essa densidade tão necessária que só de escrever me dá vontade de refazer, recosturar essa luta, esse início, essa garra de me dedicar diariamente como fiz durante oito anos, formando mais de quinhentos meninos.

rito 81

SUA DEMANDA POR AUTENTICIDADE QUE TEM CIDADE DENTRO

Com cinquenta anos, Rute-mãe acordava em sua nova casa, em Santa Teresa. Ela passou um ano procurando novos lugares pra viver: Paquetá, um terreno no topo de uma árvore secreta em Copacabana, uma ecovila em Paraty, um galpão na Gamboa.

Nessa época, em que já vivíamos uma autonomia constituída, principalmente autonomia emocional, quando eu tinha uns vinte anos, ela me liga eufórica, telefone discando às seis da manhã. “Achei minha casa e é azul, tem pitangueira e dá pra um vale. Preciso que você venha comigo ver.”

Uma equação puxa-puxa de dinheiro fez com que entre a morte da minha avó paterna e o desejo da Rute de mudança, uma grana possibilitasse ficarmos com o apê da rua Peri e com uma nova casa pra mãe-Rute. Um tempo depois, por arranjos ou desarranjos da família, tivemos que vender correndo o apartamento da Peri, nosso único bem, num ratatá confuso, na maior baixa imobiliária da cidade.

"Tá bom, vou ver sua casa azul que dá pro vale."

De todas as escolhas, ela estava certa:
a casa azul dá pra um vale.
Um vale de favelas,
o encontro dos Morros dos Prazeres e Fallet,
terreiro, igreja evangélica, baile funk, tiro.
Tudo isso já sonorizava a manhã-mãe de sua casa.

Não aguentava mais aquele isolamento
frio do Jardim Botânico.
Aqui vamos nos misturar, nos envolver.

Dezessete anos depois,
ela mora lá
e continua afirmando
que é preciso
estar dentro da realidade
bélica do Rio de Janeiro.

Que não adianta se afastar.

Ali comi umas pitangas do chão, ouvi minha mãe.
Ouvi minha mãe.
Ouvi minha mãe
em profunda apreciação
de sua demanda por
autenticidade que tem cidade dentro.

"Mana, vou ser muito feliz nessa casa, é um novo ciclo que se abre." Dessa fala fomos pra uma parede que ela queria mostrar na sua sala onde dois spots de luz apontavam num espaçamento de um metro. Ela apontou que essa seria a parede do Gohonzon, já pronta. Gohonzon, nosso altar budista, com ele tudo será revolução humana.

Do meu lugar de privilégio, questionei a escolha dela em se mudar conscientemente para iniciar a velhice numa casa em frente a um vale de favelas com constantes tiroteios. O engraçado é que minha natureza tagarela-argumentativa disfarça a escuta, mas ouço. E recebi atentamente todos os seus argumentos sobre a nova casa.

Ela me mostrava que logo na entrada tinha uma parede original de mistura de pedra, óleo de baleia e cascalho. Rute me fez tocar nessa estrutura de 1930 do sobrado. Onde seria o rodapé brotam avencas pretas de caules e microfolhas finas-redondas saídas dessa parede entre musgos.

Musgos na entrada.
“Mãe, tô convencida.
Você se muda quando?”
“Não, pera lá, você não viu nada ainda!”

Uma banheira abandonada no quintal estava coberta de terra fazendo descer do terraço de cima pro andar de baixo uma cascata de erva-cidreira. Um tanque de pedra forte no terraço dava espaço pro varal. E ela dizia: “Aqui vou fazer o varal das fraldas poéticas. Porque agora que vocês já cresceram e não tenho mais filho pra criar, vou botar meus poemas nuns trapos e chamar de fralda.” E assim é a vida na casa da rua Miguel de Paiva, no CEP mais Catumbi que Santa Teresa.

Deu dois meses, ela decidiu transformar a casa num albergue, chamou carinhosamente, em memória da Silvia, de bordel das almas perdidas. Já tinha as fraldas feitas, amigas das favelas em frente entravam na sua casa sem tranca para bordar. Ela encarava Santa como seu lugar de sempre: maior concentração de autênticos por metro quadrado. Um amigo a cada três passos. Mesmo ela fazendo questão de não ser exatamente simpática.

Rossana, Lala, Leandro, os sopões com sarau. Ana, paraibana, que se tornou budista lá. Cris, que faz cura com barro e cria dois netos sozinha. Carlinha, médica da rede pública que coleciona artesanato. Monique, da ONG Ação da Cidadania. Chay, cantora e atriz, que morava numa das pontas da rua, e é budista do mesmo movimento BSGI (Associação Brasil Soka Gakkai Internacional). O som do terreiro, do tiro, do funk. Os ensaios do projeto Poranduba, criado por ela para inserir histórias indígenas em escolas públicas. Daniel Munduruku, indígena que morava no quarto do térreo.

O vocabulário do sobrado é muito grande, não consigo alcançar: hoje mora com ela também um documentarista especializado em autismo, Felipe Codeço, e a performer Clarice Azul. O desespero de Rute é quando tem um quarto vago, pois ela vive com o dinheiro contado desses aluguéis.

Minha mãe assumiu a anarquia sem medo de não ter conta em banco depois que saiu a lista de bancos que fazem investimento na indústria de armas. No Curso Gaia descobriu bancos feitos por jovens que investem em economia solidária. Será num desses que ela fará a aplicação da única entrada maior de dinheiro que ela ainda terá na vida: a venda do apartamento no Leme, que era de sua mãe Rosinha.

Ela sobe de kombi com seu Zé e desce de mototáxi quando dá, porque é mais caro. Desce a pé pela rua Padre Miguelinho, onde morou Pixinguinha.

rito 82

matei minha mãe

Na terapia gestalt a gente precisa matar nossos pais internamente. Matei minha mãe. É inacreditável que outro dia, depois de perder um voo no Santos Dumont e precisar fazer uma horinha em Santa Teresa na casa de Rute pra pegar o próximo voo, ela, numa espécie de ritual, ao ver minha ansiedade, pediu que eu deitasse, encheu meu corpo com os cristais que eternamente ficam numa cuia de barro na mesinha ao lado da cama dela, e me pediu que eu fechasse os olhos. Botou um CD de monges tibetanos cantando e me largou por meia hora nesse relaxamento. Quando o despertador tocou, ela perguntou se eu estava renovada, se tinha me feito bem tudo aquilo.

Quando mal comecei a agradecer, ela respondeu: “Agradecimento aqui é cem reais.” De um jeito meio brincando, meio sério, voltei ao aeroporto com menos dinheiro. A conta do anarquismo versus capitalismo se apresentou em muitas cenas como essa em nossa vida. Como é bom revelar as sombras das nossas mães. A gente precisa disso. Que bom que tenho maturidade para ter raiva da minha mãe. De poder criticá-la e amá-la ao mesmo tempo.

rito 83

NA COMPLEXIDADE HUMANA QUE SÃO PARIDAS AS PERSONAGENS REAIS

A gente se dá bem acima da relação mãe e filha. No terreno que Rute é uma mulher de tirar o chapéu. Mas ser filha dói. Até porque é tão raro eu ser filhinha. Quer dizer, filhinha nunca pude ser, mas nos momentos necessários de regressão, em que perco as chaves para conduzir, choro sem parar. É muito duro quando a doença autoimune ataca. Ou a sombra da mulher-autônoma versus esposa-dependente baixa em mim no terceiro casamento.

As fertilizações.
O fracasso e o sucesso.
O dinheiro e o não dinheiro.
Doem.

E quando doem, a ponto de eu ficar regredida, tenho algumas mães, mas a escolho, com a dureza necessária que volta com o seu "levanta, sacode a poeira e dá a volta por cima".

"Rebola, erotiza, se masturba"
é um conselho de minha mãe.

Ela até hoje só me diz coisa improvável. Olha para a pergunta que faço como se fosse um monumento, pede um tempo para responder e responde longe do que eu imaginaria "né, Manuska?". Mas é na complexidade humana que são paridas as personagens reais. Rute me bota na vida com esse jeito.

Porque também é recorrente o contrário: que ela me atenda ao telefone para disparar seus próprios problemas, sempre com um tom de problema maior. E desisto no meio do caminho de pra quê liguei. Desligo. Respirando com certo buraco por não ter conseguido ser acolhida.

E tento minimamente acolher minha mãe.

Mas não sei se conseguimos,
nem ela me acolher,
nem eu acolher a ela.

comer é
como
só sei ir até
os espinhos.
não sei fazer
nada que não
seja com as
mãos.
até na boca
tem céu.
até no perder
tem osso.
o ócio abre. os
traumas escrevem

ASSACRA PA, N

R, ANTES

OI TEVE SEXO F

FORA MAS DEVE

NTE, MISTURADO,

A ESCOLHA E

ERTA, ASSUMI

CAPÍTULO DEZENOVE

LIBERTAÇÕES

rito 84

MENSTRUEI SEM ABSORVENTE DE PLÁSTICO QUE NÃO SAI DO MUNDO

Percebo que existe a micropolítica e a macro.
Estou com as duas.
Hoje colhi meus primeiros repolhos roxos.
Vi andorinhas fazendo ninhos.
Menstruei sem absorvente de plástico
que não sai do mundo.
Comecei um projeto pra inserir direitos
humanos numa escola do município.
Hoje trouxe o entorno.
E parece pouco, mas o macro sem
o micro fica desumano.
Preciso aprender mais de PANCs.
Comecei a fazer meus desinfetantes.
Parece pouco.
Mas é humano,
e as escalas humanas são assim:
passo a passo.

rito 85

PASSO UM: TOMAR SOL NA XOTA

Em cima de um pequeno banco improvisado de taco por dentro do embrulho do estômago, cansada de estar cansada humanamente, plena de não ser supermulher. Sentindo o útero menstruar, agradecendo por não fazer sexo entre duas paredes como uma dependência que o marido coloca. Preciso sonhar, ir com o lápis na lista de tudo que preciso para me libertar.

> Passo um: tomar sol na xota.
> Passo dois: comprar um apartamento em São Paulo.
> Passo três: fazer mais as malas pra viajar sozinha.
> Passo quatro: ter um filho meu.

Andar de bicicleta.
Surfar.
Realizar exposições pelo mundo.

Vamos comigo mesma, com autoamor e tesão, para não permitir a violência verbal de acusação ou qualquer coisa. Tchau pra essa forma.

rito 86

UM NÓ ENGASGADO DE TODA MINHA DIFICULDADE DE PERTENCER E SER PERTENCIDA

O século XXI ainda está em dívida com novos formatos de relação: novas políticas para o afeto, novas culturas de amar. Entre um nó que se deu na minha relação entre amor livre e monogamia. Um caso para cada lado da relação. Um nó engasgado de toda minha dificuldade de pertencer e ser pertencida.

Não existe projeto pra relação e não existe relação sem projeto.

Fui e voltei para Portugal para fazer uma escultura encomendada por um museu entre crises de liberdade e pertencimento. Na entressafra das fertilizações. Tive encanto por outra pessoa, contei como se fosse natural, fui esmagada, massacrada na cruz, sem ser, antes de ser e aí foi. Teve sexo pro meu lado de fora, mas deveria ser dentro, junto, misturado, amigo, colaborativo e amor amplo, de amor livre mesmo. Teve sexo pro lado de fora dele também. Isso é vida e não cabe a mim crucificá-lo ou me culpar, culpá-lo ou me crucificar.

A escolha é uma palavra aberta, assumida, transparente. Gostaria de tirar esse parágrafo e o de cima e o de baixo. Ninguém tá acima ou abaixo. Estamos entre.

Nós escolhemos por vontade própria. Temos na qualidade do encontro o piano que você usa cada tecla para emitir sua expressão e a nossa maneira de amar está se reestabelecendo.

rito 87

QUANDO EU
ESTIVER NO
ÁPICE VOCÊ
PRECISA COLHER,
E NÃO ARRANCAR

Vou continuar estampando que um acordo ético é preciso no que fazemos e na nossa forma de fazer. Me invade a memória de minha mãe torturada por vários militares deslizando armas em seu corpo de quinze anos, em seus olhos vendados. Tudo isso feito por esses homens nascidos da vagina, ou do corte de uma mulher.

Digo que estou revendo todos os meus gestos, preciso cuidar do meu foco, comportamento, missão, escrita. Cuidar e deixar sair, não perder a espontaneidade porque o clima ditatorial está por cima e já temos medo de falar, de ser, de soltar quem somos, pois isso pode gerar desamores. Eu quero ser sem medo.

Minha mãe anda resistente. Pensa que está na hora de ir para Paraty, para Maré, para algum lugar outro na vida a fim de se aproximar mais da vida. E vejo o "Parto das palavras", poema de minha mãe que sugeri que fosse o nome de um ensaio aberto de um monólogo que ela começou a ensaiar faz sete meses. Ela chama de solo na verdade, um solo em que ela começa de sutiã mostrando seu corpo-curvas-rugas e se contorce e se torce e mostra suas dores, assume sua potência. Em sua performance, Rute traça um paralelo entre sua história e um conto indiano profundíssimo chamado "A árvore florida".

Nesse conto, uma mulher camponesa
de uma zona desassistida
na Índia consegue – para gerar sustento à sua família
formada por mãe e irmã – desenvolver
um ritual para se transformar
em uma árvore florida.

Para isso, ela pede ajuda à sua irmã,
que retira com cautela e delicadeza
cada galho para que seu corpo
continuasse preservado.

Com essas flores num cesto, as irmãs foram à feira
e voltaram com o valor garantido pros próximos dias.
Então ela passou a se concentrar na
técnica de metamorfosear
e sua irmã sabia colher sem cortar.
As flores ultrapassavam o limite
do que pode se chamar
de exuberância e na feira gerava um
estranhamento tamanha beleza.

Um homem rico passa tempos em frente à cesta
perguntando sobre os mistérios das flores.
A irmã que vira árvore nunca tinha se deparado
com um homem rico, nem com
seus questionamentos.
Ele pergunta tudo sobre a flor da mulher.
Ela abre a guarda impressionada
com o interesse dele.
Sua irmã, na volta, a alerta do perigo
de perderem as flores.

A mulher faz uma vez a cena pra sua
irmã colher e sua mãe ver.
Sua mãe não dá atenção.
Abre um buraco nela – a falta de atenção da mãe.
Isso a desestabiliza mesmo que
ela pareça forte como a árvore que sabe fazer.
O homem passa a lhe cercar e ela abre a guarda,
perde sua intimidade,
revela seu segredo mais único,
seu sustento,
sua formação de exuberância.

Mas com regras:
"Quando eu estiver no ápice você
precisa colher, e não arrancar."
Ele, homem mimado, interesseiro, aflito
arranca os galhos
de forma incisiva-rápida, sem jeito.
E quando ela volta ao seu corpo,
seu corpo volta mutilado sem língua,

sem boca, sem andar.
Ele fica covarde e foge.
Ela sem nenhuma autonomia praticamente
fica apenas deitada-sem vida.
Esse covarde homem não corta mais seus cabelos
até que eles cheguem debaixo dos ombros.

Ele sai andando pelo mundo sem
rumo e resolve não falar
por todos esses tempos,
pois ele tem vergonha do seu tom revelar.
Até que ele se dota de coragem, procura a irmã dela,
e diz que quer se aproximar.
A irmã explica que ela está com o rosto
encrustado meio pele,
meio caule, madeira.
Ele quer se aproximar,
reviver as feridas que deixou.

Encontra ela meio árvore, meio mulher
encrustada com o rosto tronco-água-seiva.

Então a irmã ensina um ritual
que dessa vez ele faz minuciosamente
e com água ele lava
e com seiva ele cola os galhos
e com linha ele costura as folhas.
E refaz a árvore e a mulher volta.
Eles saem caminhando juntos.
Feminino e masculino.

Ouvi essa história no ensaio, ouvi no sarau, ouvi no ônibus que pegamos juntas. Mas foi por oralidade que transcrevi do meu peito que no fundo escuta. Por que Rute escolhe essa história entre tantas pra misturar à da sua vida? E começa sua performance, sem camisa, de top, descalça, se contorcendo na sua própria oralidade que se apropria desse homem desajeitado com essa camponesa ingênua.

A história da Rute vem da Ucrânia, de nossos fios judeus matriarcais, entrelaçados por nosso sociólogo comunista espanhol, Mauricio, seu pai, meu avô. Vem do álcool de seu pai e companheiros, vem da tortura, da ditadura. Do nome Rute que significa uma boa puta e minha mãe ama as putas. Ela tem coragem de levantar seu solo hoje, aos 69, e encontrou o Guilherme Veloso, meu amigo, cúmplice acrobata que supervisiona e encaminha minhas performances. Gui abriu seu centro cultural, a Casa 69, e faz fielmente a direção desses ensaios tão catárticos-profundos paridos um a um há quase nove meses sem data para estrear.

Mas as pílulas filosóficas de nossa mãe atravessam dentro do organismo de nosso corpo-político e por isso eu, Gui e tantos amigos resolvemos ser doulos, doulas, parteiras ou obstetras para que esse *Parto das palavras* saia.

rito 88

MEU RITUAL FOI VER A FORÇA DO AÇO DIMINUIR E A RAIZ VENCER

Cato nas memórias vagas o meu lugar.
E retorno à Rute que me teve em seu corpo,
coração, útero, leite.
Começo a respirar para aprender.
Já que mais uma fertilização se inicia
e junto com ela um ritual.

Sou mulher-raiz – me visto e revisto de raízes que normalmente passariam pelo meu tubo digestivo. Elejo em cada momento da minha vida uma raiz e com ela estabeleço diálogo-performance-criação. A primeira que fiz foi a beterraba porque minha bisavó da Ucrânia fazia nosso *borsch*, nossa sopa, nossa cerimônia culta-sarau em volta de sua panela azul de agatha. Beterraba é menstruação. Nosso sangue mental. Vital – nosso corpo erótico e de guerra.

A segunda raiz que fiz foi o nabo porque sou budista e o nabo é oriental, transparente, translúcido, alvo, branco, e comida branca que cria raiz em terra preta é espiritual. Inhame. Canjica. Mas o nabo daikon me levou ao lugar da mulher que assume sua espiritualidade para conduzir caminho. E me vesti assim, com uma coroa tramada de cascas de nabo, com fios infinitos de nabo feitos com mandolin, como cachos de anjos querubins.

A dor pulsa pelo corpo que não é só meu
e minha indignação não me permite
silêncio.
Então me cerquei de nove
quilos de cúrcuma na minha orelha,
cúrcuma, minha outra raiz escolhida,
nos meus pés, cúrcuma,
cúrcuma nos meus dedos,
pois ela é uma raiz que cresce como mãos.
Cúrcuma amarela-ocre, dourada-laranja.
Cúrcuma é açafrão.

Foi um trabalho de seis às onze da manhã
só para preparar a cúrcuma.
Lavamos e escovamos as raízes em grupo,
limpamos entre as unhas, a terra,
sentimos o cheiro forte,
e eu com um fatiador de lâmina afiada
passava com delicadeza e amor cada raiz.
A lâmina prateada de aço ficava fraca,
porque a tinta da raiz da cúrcuma expelia
seu amarelo-terra e a força do aço diminuía.
Meu ritual foi ver a força do aço diminuir
e a raiz vencer.

Fiz então com mais delicadeza.
Agora, de tanta cúrcuma passando pela lâmina,
uma resina ungia a borda dos meus dedos.
A resina amarela-ocre de meus
sentimentos internos-íntimos.
Agora tinha meus amigos e a música
afro de Moa do Katendê,
o badauê.
Aquele som alto de terreno.
O terreno baldio que nosso país se
encontra e nós somos os pais.

Fatiar raízes e descobrir mapas.
A cúrcuma, assim como o gengibre,
se fatiada longitudinalmente,
revela a forma de países esquecidos,
de estados inóspitos.
E muitos estados foram revelados por meus dedos
entre a lâmina de aço e as raízes.
Exatamente como estamos hoje.

O corpo erótico
renasce como o corpo
sagrado.

Rebolar é primordial antes que a avenida passe.
A saga do amor. A saga da paixão.
A saga de ser mulher.
A mãe como porta e o desconhecido.
Perder a virgindade, ganhar o
corpo erótico-lugar de ritual-o corpo no sexo.

rito 89

A MÃO TRÊMULA DE SE PERMITIR

Por entre as coxas quentes
sem raciocínio
por dentro do mistério
do não sabido líquido
a favor de não ser algo
além do instante.

A mão trêmula de se permitir
a boca com mais saliva
a testa caída na almofada
os pés pra fora
o nariz sobre o
dedo respirando
o cheiro.

O cheiro da gosma
vermelha
do gozo menstruado.

A mulher sozinha
dentro de mim.

O anel preso entre
a gosma e os pelos
a pedra azul de
minha mãe em meus
dedos sem culpa.

A abertura
mágica por
entre as virilhas.

O anel de família
de geração
de quinze anos
aquamarine
agora soltava
dentro de
mim
e de lapidada
ficava bruta
a pedra
por entre meu
útero.

Meu útero rosa
menstruado em
movimentos involuntários de prazer
E como faço pra
pedra voltar?

Encontro a parte aliança
do anel
presa entre
meu mamilo
esquerdo e a platina esquenta
o bico do
meu seio.

Até a pedra
azul ser expelida
e pelo lençol
celebrar o sangue vazado
e tudo esparrama
de mim até que
abro a janela
e deixo o céu entrar.

O céu de antes
abominável
o céu de agora
por dentro
as nunvens-órgãos
o sol-sol.

O azul da
minha pedra
o crânio solto
por entre a cabeça
apoiado em gravidade
sobre o pescoço
o lábio-beiço
a saliva-seiva
o pé-base.

Por que
sofrer
destino?

RITO 90

MINHAS
CORRENTES DE FRUSTRAÇÕES
HUMANAS
FORAM SE DISSOLVENDO

Quando esvazio histórias entre mãe e filha,
fico com a mulher.

A mulher sozinha no mundo.
Que se garante com o trabalho e com as amigas.
Que se masturba até amanhecer.
Que conhece seu corpo quando acorda.

A mulher que está sempre de acordo não existe.

Esse processo duro de ter as duas trompas entupidas me gerou uma intimidade mais intensa com o mundo das mulheres. Esse assunto útero, ovários, gravidez, maternidade ficou presente. Me vi absolutamente preconceituosa comigo mesma. Aos prantos. Uma mulher autônoma-independente na trama dos amigos sem marido, sem filhos não é legítimo para você?

Me fiz essa pergunta e demorei meses para responder que sim. É legítimo pra mim. A questão é que exige muito amor-próprio e amor-próprio é exercício. A palavra é autonomia. Quando descobri esse autorizar mais profundo do lugar que o espírito da realização nutre, minhas correntes de frustrações humanas foram se dissolvendo.

Tenho compreendido que – como mulher
– o lugar que ocupo é o da expressão.

Ocupo um lugar. E acredito em tudo que passo como ficha de orelhão, que não existe mais, mas que simbolicamente dá pra ligar pontos.

De verter, mas não romper
como os bambus diante da ventania.

Está sendo uma delícia ser mulher agora – me sinto profundamente acolhida pelas minhas amigas. Minha mãe nunca me disse o que fazer. Ela gosta que as pessoas vivam seu espírito. Está aberta mais uma fertilização e mais uma compreensão de que a felicidade reside no processo. Não tenho fixação por nada. A não ser a escrita.

Nada a não ser o celular.
Uma doença que me pegou
nos últimos
três
anos.

Nada a não ser trabalhar.
Nada a não ser nutrir todo mundo que está em volta.

VIDADE DA MORTE

DO CORPO

COMO O GOZO

PRAZEROZO

DE MEU PAI

NO MOMENTO

QUE ELE ME

FEZ

COMO QUEM

TIREI O MAIÔ,

E. ~~[illegible]~~ RETIREI

GUEI O CORPO.

VESTIÁ

MOCHILA DO

ME VESTIS

capítulo vinte

sergio pai

RITO 91

TUDO DELE FICOU
NA MINHA ROUPA,
NA MINHA DOR DE MUNDO,
CORAGEM, AUDÁCIA,
RELEVO

Resolvi no segundo dia de menstruação falar com a doutora e colocar dessa vez dois embriões. Hoje, no terceiro dia, em meio às letras desse livro sendo escritas na varanda, ingeri os primeiros hormônios para começar a quarta fertilização.

Aprendo sobre útero, trompas, ovários, esperma, folículos, receptáculos, rolamento, nidação, hormônios naturais e sintéticos – não tenho raciocínio lógico capaz de perder minha entrega e amo imaginar as abelhas e a polinização capaz de fazer a nidação em meu útero. Vamos com parcimônia, só tenho que me entregar no vale dos hormônios e da criação que me faz fértil. E olhar pra dentro de querer ser mãe e pra dentro do pai que já mora no Marcelo e no investimento alto-caro-humano que merece ser acolhido. No tempo certo, terei uma criança me chamando de mãe.

Quero falar dos filhos que não tive, mas assumi por muitos motivos e momentos: João, Lola e José. Irmãos, filhos do mesmo pai, com sua última parceira Rosa. Um fala a língua do cinema, uma desenha e um decide ainda. Um dia antes de morrer nosso pai me chamou pra urgentemente resolver uma treta de banco com ele. Quando cheguei, ele me olhou bem fundo e calmo, e disse: "Cuida dos três, não se afasta por nada." Respondi: "Claro, pai, só me aproximo." Ele me fez assinar uma conta conjunta para limpar seu nome de contas em atraso. E me disse que estava havia alguns dias preparando uma fogueira muito alta de microgravetos que iriam acender e apagar rapidamente como uma onda de fogo. "Resolvi que preciso filmar uma onda de fogo." Mais uma vez ele para entre as palavras, dramaticamente olha pra mim muito fundo e diz: "Você fica perto das crianças." Dessa vez segurei a mão dele com o olhar e fiz: "Fica tranquilo."

Ele me disse: "Eu não sei se tô conseguindo mais viver." E quando ia começar a dizer a terceira vez a mesma coisa, fiz: "Pai, você é um homem da vida." Abracei o cheiro, o peito, o calor, a temperatura, a testa, as mãos, o olhar. Agarrei com tudo que pude meu pai. Naquele instante na porta de um Bradesco do Recreio meu receio de ser nosso último olhar. Mas tudo dele ficou na minha roupa, na minha dor de mundo, coragem, audácia, relevo.

Depois desse acontecimento, chego à casa da Peri. Um chão firme de estação de trem fazia banheiro, cozinha, sala, quarto ser uma só coisa, uma estação, estúdio, espaço, não parecia casa. A paixão era tanta que nunca consegui me entregar tão abismadamente a um homem como me entreguei a esse pai e a esse chão que é ateliê-espaço-estação, mas não é lar.

Exatamente entrei,
exatamente encostei meu corpo numa parte
e fiquei sem a outra parte sem parede que encosta
sem as costas que sustentam
sem o músculo que ergue o esqueleto
sem os órgãos.

Fiquei oca feito um vidro e o vapor
do tempo formando bolhas.
Oca feito um receptáculo de poeiras cósmicas.

E fiquei ali até meu pai morrer.

Primeiro eles me ligaram
depois oca mesmo fui levada
oca mesmo houve o velório
e minha carne
não voltava
minha carne
é meu pai
minha pele é meu pai
e se oca continuo
oca cabe um oceano
dentro de mim
e nele os barcos
os peixes
as águas-vivas
as goelas das baleias
seus filhotes que mamam
quatrocentos litros.

Em meu oco
cabe o mundo.

Nesse mundo
levo o espaço
que meu pai abriu
pro que posso ser
atravessada
e atravessar
meu oco é translúcido
e transcendo
transbordo
acendo.

Configuradamente no dia que meu pai morreu, seis de julho de dois mil e sete, estava dentro da água na piscina e meu celular tocava dez mil vezes enquanto nadava na aula de natação do Clube dos Macacos no Horto. O salva-vidas veio com o celular na mão. Cada pernada minha passava a murchar até a borda. Enxuguei a mão na blusa vermelha do salva-vidas e disse alô. Do outro lado ouvi como a voz de Lúcifer:

"Ele dormiu e não acordou."
O eco dessa frase desmontava a possibilidade
de entender: a morte não se entende.

Desmanchei delicadamente minha mão do telefone, soltei a borda, o celular e voltei. Lembrei que meu pai me contava ter passado a infância nadando com golfinhos. Debaixo da água senti o espírito dos golfinhos e meu pai saindo de seu corpo-cansado indo dar um jeito em sua alma. Fui e voltei debaixo da água chorando.

É muito estranho chorar debaixo da água,
mas é mais estranho perder o pai.

Fui e voltei debaixo da
água chorando.

Percebi nada mais que
meu pulmão pedindo
superfície.

Fui e voltei debaixo da
água

chorando até que perdi

a gravidade da morte.
O peso do corpo.
Me vi como o gozo
        prazeroso
        de meu pai
        no momento
        que ele me
        fez.

Subi como quem
nasce. Tirei o maiô,
enxuguei o corpo. Retirei
minha mochila do vestiário
coloquei o que me vestisse,
cada gesto disparava
uma quantidade
de sentimentos caledoscópicos.

Como se as imagens
torcessem numa espécie
de malha e me cobrissem
num pano de seda.
Mas era meu pai
morrendo.

Eram os gestos que teria de seguir:
me dar de cara com seu corpo gélido, limpar seu
rosto, vesti-lo de branco, passar óleos de alfazema
sobre sua pele. Um amigo já vinha me buscar.

Precisava do corpo do meu
pai, de seus dedos
encruzilhando os meus.
Se tivesse vivo.
Sim. Eu estou viva.

Sim. Ele fechou um ciclo de corpo, devolveu à terra o que deixou. Somos seus filhos: Mana, Pedro, João, Lola, José, cinco pessoas. 25. 24. 12. 7. 3. Enquanto a casa de nosso sítio virava um terreiro, os rituais naturalmente se manifestavam. O humano dele imperava sobre todos os aspectos, nada era mais apto do que seu sabor humano sobre os fatos, sobre os encontros marcados pela grandeza ou alastramento, dilatação, fenda, clareira.

Pra dentro do que tínhamos que fazer morava: vestir nosso pai, atravessar com ele por todo o jardim, subir os degraus da casa da mata – nos fundos onde a obra interminada concluía um quarto novo de seis janelas, pé-direito alto. E uma mesa de madeira, em que ele agora já estava vestido de linho branco com suas guias, seus cipós amarrados no braço.

Pesquisadores, indígenas, pedreiros, geógrafos, ambientalistas, o dono da birosca, o moço do queijo, o entregador de cerveja, dona Carmem, seu Manel, seu Orlando, Nica, Karina, tia Chris, Renata, Thiago, Zé Maurício, o povo de Vargem Grande, dos arredores chegando por mototáxi, bicicleta, avião, ônibus, com frutas, flores, óleos essenciais, mandigas, rezas.

Certamente os altares foram se formando: um canto candomblé, guias, espelhos, conchas, ele, de Xangô-pedra, uma cristaleira de fundos de espelho foi se enchendo de velas acesas, cada uma de um ser nativo da região, e por entre os espelhos de trás e dos lados da cristaleira, as chamas sempre acesas refletidas davam no infinito.

Um lugar Juramidam, um retrato em preto e branco do mestre Irineu com uma moldura azul de estrelas. Mestre Irineu – descobridor e revelador da Aiwiashaka – nasceu no mesmo dia. Orquídeas e cristais mais fortes e exuberantes que nossas sombras de sentimento. E a próxima missão encaminhada por Rosa chegava: "Preciso que vocês dois peguem as crianças na escola."

Nessa hora, nos olhamos, eu e Pedro, nosso pai velado sob todas as crenças. Nessa hora nos olhamos, só isso, era o caminho no trajeto entre lágrimas. Paramos o carro e decidimos representar a grandeza de nosso pai, ali afirmamos um compromisso místico de trazer nosso pai – de nunca o deixar, de levantá-lo, erguê-lo em nossas ações com nossos irmãos.

Pegamos o João na escola. Ele estava em pleno início de puberdade, uma semana antes nosso pai berrava pelo quintal de alegria e sensatez pelo primeiro pau duro visto de supetão. Aquilo foi um rito de passagem da criança pro menino, um rito anunciado, assumido, falado entre as pedras, as árvores, abraçado e tido em assunto íntimo deles dois. João não esperava que a gente o buscasse. Ele fez um "que que houve". Nós o levamos para um mirante, só dissemos que tínhamos de conversar.

A magreza alva, os cabelos compridos, o olhar tão cheio de água sobre o Grumari, sobre o ponto do morro que nosso pai fingia que o carro ia perder o freio, paramos. Deixamos o João gritar, apertamos ele com nosso corpo, deixamos ele argumentar, argumentamos de olhos encharcados, gaivotas, sal e azuis não tiravam nossa dor calejante de "cadê nosso pai?" E João dizia "não e não e não e não por favor, eu quero ele. Como vou crescer?" João já escrevia poesias. Já falava uma língua sensível demais, aberta. Ficamos ali, agora éramos três, pedíamos a ele que nos ajudasse com Lola e José. Entrávamos no carro como se cada fio de cabelo mexesse separadamente no tempo um a um. Todos os pelos. Toda a flor da pele. Todos os recheios. Esse menino nos merece e nós o merecemos. Nós merecemos o João. O papai nos deixou um com o outro aglutinados.

Até o caminho da escola Vira-virou, Pedro dirigia e eu colocava o João no colo, tratava sua cabeça com delicadeza, a cabeça dele estava repousada, minhas mãos quentes puxavam suas lágrimas intermináveis uma a uma e dava beijinhos em seus olhos. Aquele menino tão lindo, tão cheio de poesia. Como eu podia ser porta-voz da notícia, que missão difícil. Abriu o portão do jardim de infância, aquelas crianças saindo todas eufóricas por seus pais. Um pequeno megafone anunciava que podíamos ir ao pátio. A coisa mais gostosa do mundo era ser buscado pelo papai, o pacto com o prazer, o tomar sorvete, o elogiar. Ver nossos desenhos, tudo nele fascinava. Ele que sempre amou buscar na escola.

"Cadê o papai?" Primeira pergunta da Lola. "A gente vai levar vocês na praça, naquela sorveteria. Qual o melhor sorvete?" "Tapioca." Fomos os cinco no carro verde musgo ouvindo Björk. José, com cachos monumentais de três anos, o uniforme de cor vinho, a Lola de franja cabelão. Nós cinco juntinhos como célula íntima de embriões do esperma sólido de boa cola, de jato integral, as nossas diferentes mães. Mas somos uma só célula indo tomar sorvete para anunciar a partida de nosso pai. Na praça, a estrela Vênus tinha acabado de despontar no céu e a lua parecia uma rede. Estava minguante. Pegamos os sorvetes. Pedro com o mesmo porte físico do nosso pai, colocou um em cada perna e mostrou o céu. Lola começou a chorar. Pedro dizia: "Papai virou aquela estrela." Lola entupia a face.

José falava muito com três anos e rebatia: "Não, meu pai não é uma estrela, meu pai é meu pai, quero a barriguinha dele." Lola parecia ter mil anos, ser tão mais antiga que a gente, e víamos sua face tremer aos sete anos. "Cadê meu pai?" A gente aconchegava, trazia pro corpo. Pro céu. Pras mãos.

> Vamos nos abraçar os cinco. E gritar a
> letra A do chão pra cima até o A ficar
> enorme e ocupar. Até chegar no topo.
> Torpor.
> Pai.
> 7/7/2007 ele foi cremado
> 7/7/77 ele fez um filme
> com esse nome,
> sobre esse dia, data,
> enredo.

Nunca vou me esquecer de uma cena, de quando eu tinha sete anos, voltando de uma cachoeira com a Bel, o Pedro e meu pai, dele me puxar para frente numa estrada de terra e falar pra mim como ele queria exatamente que fosse a celebração de sua morte. Ele me explicou que vivia plenamente e que em qualquer momento que ele morresse, gostaria que sua vida fosse altamente celebrada, com fogo, frutas e um grande ritual de celebração à existência. Ele ainda me pediu que enfiasse caroços de manga dentro da sua boca morta pra que ele tivesse a tranquilidade garantida de ao menos virar uma mangueira frondosa que daria boas mangas. Meu pai considerava um equívoco cultural o Ocidente não celebrar a vida da pessoa quando ela morre. Isso veio também de uma criação do meu avô Bernardes, pai dele, que dizia que todo mundo deveria voltar para um caixão em formato de xoxota, já que todos vieram de uma, e tínhamos de voltar ao útero da terra.

Meus irmãos menores não quiseram ir ao velório. Deixamos todos na casa da avó e voltamos, eu e Pedro. Tínhamos a missão agora de acender a fogueira gigante de microgravetos. Nesse momento, todos os participantes do velório deram as mãos em roda. No tempo de uma onda de fogo, os gravetos se acenderam e apagaram, em revelação da própria vida e seu escasso tempo. Depois disso, a madrugada fria foi chegando enquanto as pessoas partiam. E ficamos só eu e Pedro, naturalmente dormindo ao lado e na paz do corpo entregue de nosso pai.

João/Lola/José. Três pérolas abençoadas que tiveram de compreender esse pai por dentro desde tão cedo. Ficamos juntos, muito juntos. Instinto selvagem, viagens, finais de semana sempre. Hoje eles decidem, mas estamos juntos. Comidas na mesa. Limites de segunda responsável, respeito de mãe. Tantas cenas, piolhos, botar pra dormir, ir ao mar, levar à terapia.

E o *Tamboro*, que nosso pai morreu na madrugada em que fez o último corte de edição desse filme? Tamboro significa para todos sem exceção. Tamboro. Sergio viveu dez anos dentro do *Tamboro*, em que o tema, documentário e sua própria vida dizem Brasil. Ele quis revelar e velar o Brasil, filmou aldeias, rituais, terreiros, crenças, credos. Subiu no poste junto aos poetas, dialogou com agentes da destruição e compreendeu mulheres grávidas em todos os estados – as ouviu. Pediu que as filmasse vestidas com uma coroa como as principais rainhas de seus filmes. E correu risco, filmou de helicóptero sobre um mar de cedros sagrados, árvores de quinhentos anos arrancadas para o comércio exterior, foi a Carajás, presenciou tiroteios e ele era tanto, tanto amor. O amor não imunizou sua morte. Ele morreu. Ele, que via e falava da morte de uma forma natural, morreu na ação dos que têm coragem de viver.

MAIS ÍNTIMO DA NATUREZ

DE NÓS MESMOS. ISSO É A

GEM DE NOSSO ENCONTRO

POR ISSO.

MÃE PORQUE VOCÊ COLE

VASOS? PORQUE ELES

PÁSSAROS QUE ME AJUDAM A

VOCÊS.

ESSA FRASE.

FIZ.

MINHA ADOLESCENTE

capítulo vinte e um

útero do mundo

rito 92

lágrimas que não passam pela escrita agora

Um dos meus trabalhos recentes foi fazer o vestido para o álbum de uma mulher cheia de voz e estrada. O vestido foi desenhado em cima de um outro, da minha vó Clarice. Nas mangas, nos peitos, na barriga, nas barras da saia, na região do púbis e em todas as superfícies do corpo, escrevi os títulos das músicas do seu disco e fizemos a capa. A simplicidade de uma estrada, de um vestido bordado, um estandarte.

Chovia muito no dia da entrega do vestido para Elba. Não imaginava que ela abriria a porta, imaginava deixar na portaria. Ela me recebeu, entreguei o vestido sem ter o chão. O que reveste os órgãos e a pele? Por cima do tecido que me veste, tenho os sentidos tão desenhados entre design, designo e destino.

Primeiro abri uma história, depois outra, ela abriu a casa, a sala quente com barulho de chuva forte lá fora. Ela me contou de toda sua reza e ouvi os mistérios atentamente. Ouvi de nós que se faziam por entre curas. Lágrimas que não passam pela escrita de agora, é de outro tempo, é de oralidade.

Abri o assunto, relatei todo o processo de fertilização e abri a adoção como palavra final. Quando essa palavra foi dita em tom tranquilo e entrou no terreno da Elba, a luz bateu, abriu um clarão no céu, na palavra, e ela começou imediatamente a ler significados que eu sozinha não seria capaz.

> Chovia muito, chovia mais.
> E suavemente umas lágrimas saíam em meu rosto
> entre revelações de Elba que adotou três filhas.
> Foi tranquilo porque foi natural.
> Ela me contou de suas três adoções
> e mostrou caminhos atuais.
> Chegou por ela uma via.
> Abriu a chance de meu corpo-mãe se
> fazer presente ao útero do mundo.
> A adoção é o útero do mundo.
> Estudar. Compreender as formas.
> Ter parceiros, conversas, advogados,
> coração e o tal útero da terra.

rito 93

NÃO EXISTE SILÊNCIO E ISSO É LINDO DE COMPREENDER

Marcelo recebeu a notícia, a ideia de adoção.
Dormimos e acordamos no assunto
que nos faz mais presentes.
Transamos-rezamos.
Escrevemos e tocamos.
Cozinhamos.
Assim como se fosse um só corpo.
Nossa comunhão voltou como um dia que nasce.
A respiração do nosso encontro.
É bonita essa profundidade de atravessar crises.

Antes, chegamos a mudar de quarto, ficamos por um fio da separação. Marcelo saiu em silêncio na manhã seguinte. Tive que confiar que ele havia saído em um ritual próprio dele, ele gosta e precisa sair fora, se ver andando sozinho. Ele passou do tempo, atravessou o tempo e ficou horas sumido nos matos da redondeza. Voltou suado e em transe carregando um cipó helicoidal maior que ele. Os pequenos musgos e liquens que o cipó soltava formaram um caminho pelo chão da sala. Na varanda com uma corda de sisal sobre duas cadeiras sobre a mesa ele prendeu esse cipó e me chamou. Abestalhada, duvidei do que estava vendo, subestimei que ele tivesse trazido, questionei se ele tinha se machucado, se cortado, se arranhado e que aquele jeito de prender era fatal. De repente, parei de questionar. Fui até a fronteira da varanda com a mata, vi de frente nossa casa dividida no meio com aquele cipó que mais parecia um cordão umbilical por onde tantos bichos se penduram. "Nossa casa ficará dividida agora", ele falou. Não nos abraçamos, olhei para ele com surpresa e profundidade. Ele encontrou uma escultura para a nossa crise.

Estabelecemos limites adultos para gerar saúde. O lance que não paro de repetir de que compreender é mais que amar se comunicou com nossas sombras reveladas uma a uma. Minha compulsão em botar no mundo. Realizar. Postar. Excessos não promovem flor da pele, Marcelo me ensina isso todo dia. Nos confundimos muito. Trocamos de papel. Invertemos e desinvertemos. Mandíbulas. Quadris e ombros. Até acordarmos suavemente um com o outro.

O piano de cauda presente na casa de vidro que alugamos na floresta. A camisa de linho rosa que ele vestiu para ensaiar o disco. As palavras ditas. O caráter de nosso encontro. A horta onde toda semana nasce alimento novo: inhame, cebolinha, rabanete, repolho roxo, mostarda, repolho branco, batata-doce, beterraba, muito mais coisa. Nosso encontro. Nossa coragem de se mudar em três meses para um topo de montanha só nós dois. Ao mesmo tempo nunca escrevi tanto meu próprio destino: a casa, a gente, a água corrente que passa no rio no pé da casa, o piso de madeira do chão da sala que é todo diagonal e numa faixa se faz horizontal. Numa faixa de dimensões perfeitas para o piano de cauda do Marcelo.

O piano que o fez sair da periferia de São Paulo. Porque não cabia na casa dos pais em Guaianases. Marcelo toca, a aceleração do meu mundo cai e começo a ver onde estou iludida. É forte demais dividir o teto com ele. Às vezes finjo que não ouço, mas ouço. A música dele serena. Serenar é o verbo que menos assumi em todo o vocabulário que me forma. Cozinho, experimento e ofereço sabores várias vezes por dia. Interfiro. Rebolo e vou embora. Insiro dietas vegetarianas e dialéticas em profusão. Tenho dificuldade em ouvir. Nós moramos aqui faz três anos. A varanda é suspensa por dentro da copa das árvores. Na verdade, é uma floresta e nós dois. Do nosso campo de visão de 360 graus não dá pra enxergar outros humanos, outras casas, é só mato. Trópicos. Palmeiras. Jaca, espécies exóticas. Tucanos. Corujas. Morcegos. Macacos chegam junto da nossa varanda de manhã. E toda parte de morangos silvestres e pés de amora que acontecem por polinização e besouros, libélulas, beija-flores, lesmas, caramujos que traduzem nosso inconsciente e nos fazem sonhar de maneira mais interessante.

Todo dia revelamos espécies de répteis e insetos um para o outro. Ontem uma lagarta chegou à noite em nossa sala. A malha sonora das tardes, da manhã, das noites e madrugadas. E quando muda de estação que muda o som. Sapos. Cigarras. Pássaros indefiníveis. O disco que o Marcelo está fazendo vai conter um pouco desse som. Meu livro contém os ruídos da mata enquanto escrevo. Não existe silêncio e isso é lindo de compreender. Não existe nenhum barulho urbano e nenhum barulho humano além de nós.

Uma orquestra
de ruídos da floresta
nos faz ir pra um lugar
mais íntimo da natureza
de nós mesmos.

Essa é a coragem do nosso encontro, passar por isso.

rito 94

NÃO SEI DIZER
O QUE TROUXE
COMO SÍNTESE

"Mãe, por que você coleciona vasos?"
"Porque eles contêm vazios que
me ajudam a criar vocês."

Essa frase
fiz
ainda adolescente
pra minha mãe.
E pra mãe interna
ouvir.
E dizer pra euforia
carente de criança
ir dormir
que amanhã
dá tempo
de brincar.

A memória não recupera
a cena toda
nem desfaz vícios de
relação por completo.
A memória agradece
pessoas que tive raiva
revela imagens
que dão o fio da vida.

Não sei dizer
o que trouxe como síntese
minha mãe me
fez e me desfez
a mulher que sou cria
e precisa se entregar
cada vez mais.

Pra isso
libero espaços pra ser
mãe e amplio o significado
das palavras pra saborear
melhor.

O desenho desvendado
diariamente pede
que eu faça
revolução humana
de forma íntima
entre as caligrafias
como rendas, ocos de
flores, lastros de casulo.

rito 95

CARTA À MÃE-RUTE

Mãe, obrigada. Eu fiz tudo isso por querer parir e não saber como. E esse não saber que meu corpo me apresenta tantas vezes pousa a mão no centro dos dois peitos, olha pra baixo e vê a história, a origem, o percurso, o organismo. Mãe, é por você que vim, por você que escrevo. Por mim compreendo nascer. Nascer novos comportamentos. Novos hábitos: nascer, não prender. E se posso entrar no mote do agradecer, agradecer é entranha trama-bruta e olho em frente. Entre. Dentro. Olhei dentro, mãe. Tenho olhado dentro. Até você se desfazer na paisagem e os problemas se desfazerem na paisagem. E a paz, a paz não é uma palavra fácil, traz o colo oriundo da serpente que pode morder e matar tão rápido que nos diz para respeitar os mistérios de seus não passos. O que não dei de passos são mistérios, territórios livres para habitar meu comportamento novo. Minha fome de amar e a digestão emocional que pude fazer até aqui com tudo isso colocado em palavras abertas. Nada está fechado. Não sou mãe fisicamente, não sou um mapa aberto na mão, mas o fim é nascer, nascer de novo dessas palavras, do lugar que vim. Compreender o *Ritos* até aqui, percursos, conflitos, me fazer nascer de novo mais uma vez e me compreender com a mão no peito nua em frente à minha mãe. Olhando pra ela como um mar, chorando, podendo rir, também agradecendo, tudo. Chorar, rir, a minha mãe. Fazer disso o rito, o momento presente. Atravessar com amor e lembrar que Rute não gosta da palavra amor porque significa *a* de *não* e *mor* de *morte*: não morte. E hoje ela diz que a palavra para amor é encontro. Porque ela quer estar com alguém que possa estar com sua vida e sua morte. Estou.

Rute Casoy em cena do filme *Madrepérola*, feito por Sergio Bernardes, no dia e na noite que me fizeram. Na dupla seguinte, frames desses instantes fincados de vida na performance da dança de guizos e espelhos.

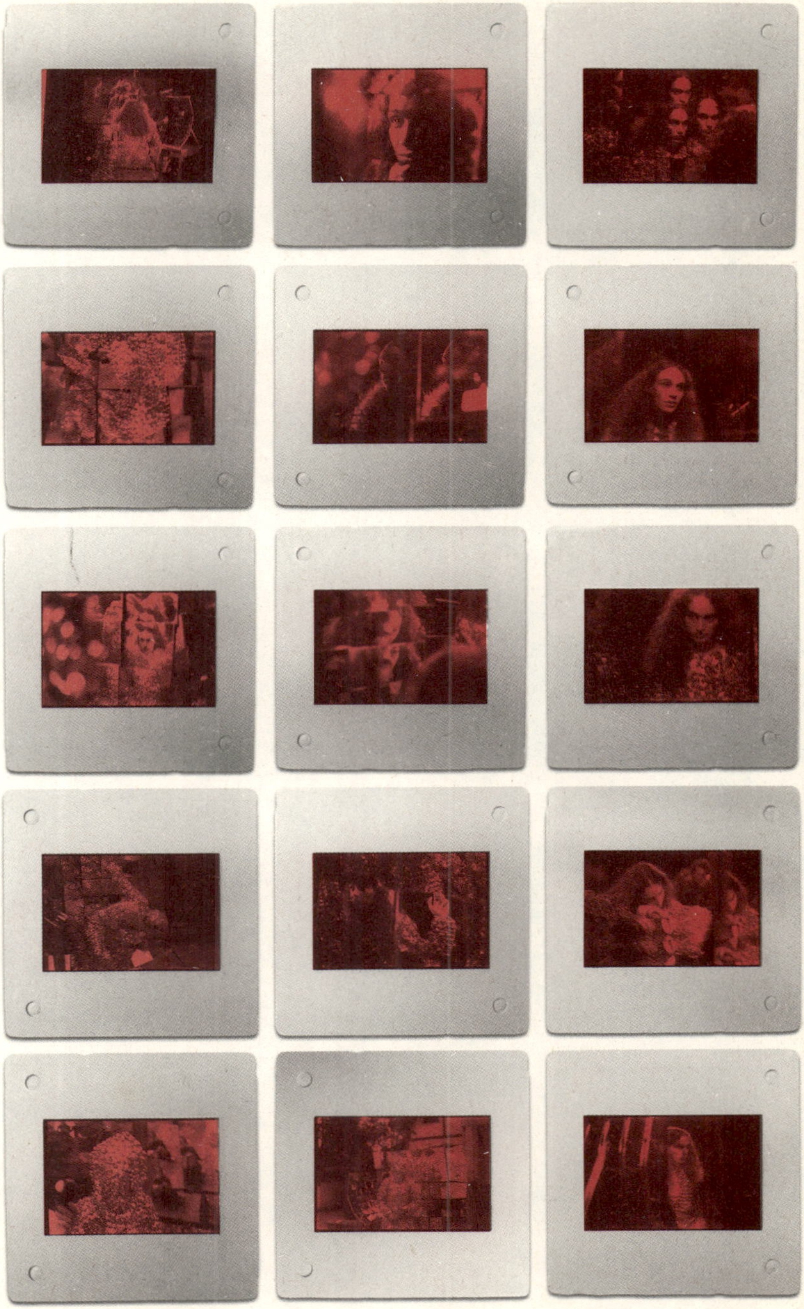

Um agradecimento fundamental a cada uma das 345 pessoas que colaboraram com o financiamento coletivo do livro.

Algumas delas escolheram a opção de entrar com o nome aqui.

ADRIANA BAGAIOLO DE OLIVEIRA COELHO
BARBARA SALDANHA BELLINTANI RIBEIRO
BRUNO KEMP
BRUNO MENDES
CLARISSE SETTE TROISGROS
DJAMILA FEIJÓ COELHO DA GRAÇA
EDMAR PERSONALIDADE
FABIOLA LUGÃO
GUILHERME CARVALHO LOGULLO
ISABELLA FRAJHOF
ISILDA LIMA
JORGE IKEDA
KAREN ROSAS SODRÉ AZEVEDO
LAÍS CAROLINE QUEIROZ
LUCIANA MASINI
LUCIANA SALLES FROES
LUIZA MARIANI
LULI CARVALHO
MARIA FLOR PENROSE
MARLA DE QUEIROZ
PATRICIA MANDARINO NAJHAR
PAULINA RIBEIRO DE OLIVEIRA
RENATA SILVA VIOTTO
SOLANGE SALVA
TECA FIGUEIREDO
YASSU NOGUCHI

@manabernardes
#ritosdonasceraoparir

Este livro foi publicado pela Bazar do Tempo em julho de 2019, na cidade de São Sebastião do Rio de Janeiro, com miolo impresso em papel Book Bold 80g/m² e capa em Rives Pale Cream 250g/m², pela gráfica Grafitto. Foram usados os tipos Freight.